Édition :
Françoise Vibert-Guigue

Lecture-correction :
Anne Thomas-Belli

Conception graphique
et direction artistique :
Emma Rigaudeau

300, rue Léon-Joulin,
31101 Toulouse Cedex 9 France

Conforme à la loi n°49 956
du 16 juillet 1949 sur les publications
destinées à la jeunesse.

Dépôt légal : septembre 2008
ISBN : 978-27459-3084-2

Imprimé en Italie par Canale
3e trimestre 2008

LE JOURNAL DE L'HISTOIRE

LE MOYEN ÂGE

Sous la direction de Dimitri Casali
avec les textes
de Céline Bathias
et les illustrations
d'Émilie Harel

LE 25 DÉCEMBRE, LE ROI DES FRANCS S'EST FAIT **BAPTISER**. AVEC 3000 GUERRIERS, PAÏENS COMME LUI.

CLOVIS CHRÉTIEN

DE NOTRE ENVOYÉ SPÉCIAL À REIMS

Cérémonie grandiose aujourd'hui à Reims. L'église, somptueusement décorée, a accueilli notre roi Clovis. Il est arrivé seul et a aussitôt demandé à l'évêque Rémi de l'accepter dans la communauté des chrétiens. Le moment était solennel. Main dans la main avec l'évêque, il s'est avancé vers le baptistère et a déclaré reconnaître la toute-puissance de Dieu. L'évêque lui a alors ordonné de renoncer à ce qu'il avait jusqu'à présent adoré.

TOUS CHRÉTIENS

Puis Rémi a prononcé la formule sacrée « Au nom du Père, du Fils et du saint Esprit... » et a tracé le signe de la croix sur le front du nouveau chrétien avec l'huile miraculeuse du saint chrême. Un énorme hourrah a éclaté à travers l'église. Et, dans l'enthousiasme du moment, plus de 3 000 guerriers ont suivi leur chef ; ils se sont fait eux aussi baptiser ! Aujourd'hui, toute la Gaule est chrétienne.◆

Grâce à son baptême, Clovis obtient le soutien de l'Église catholique dans sa conquête de la Gaule. Cela va faciliter la fusion entre les Gallo-Romains et les Francs.

INTERVIEW

« Ma victoire à Tolbiac a tout changé ! »

Clovis est le seul roi barbare devenu catholique. Les autres rois germains sont des ariens, une secte chrétienne détestée par l'Église et par les Gallo-Romains. Le nouveau converti nous livre ses confidences.

Francie Express : Quand avez-vous pris la décision de devenir chrétien ?

Clovis : Il y a longtemps que j'y pensais, bien entendu. Le fait que, moi, un païen presque barbare, ait épousé une princesse chrétienne, voilà trois ans, n'est certainement pas innocent. Ma femme, la reine Clotilde, a su m'ouvrir les yeux. Et, surtout, il y a eu cette victoire miraculeuse...

Francie Express : Vous voulez parler de la bataille de Tolbiac, en 496 ?

Clovis : Oui. C'était vraiment très dur... Mon armée était à deux doigts de se faire tailler en pièces par les Alamans. J'en pleurais de rage... Et puis, je ne sais pas ce qui m'a pris. J'ai appelé le dieu de mon épouse Clotilde à l'aide. Elle n'arrête pas de me parler des miracles qu'il accomplit. Et vraiment, je n'y croyais plus. Et alors, juste à ce moment-là, le roi des Alamans a reçu une flèche en plein cœur et son armée s'est enfuie. Ce jour-là, j'ai juré de me faire baptiser.

Francie Express : Et maintenant que c'est fait ?

Clovis : Je suis heureux d'avoir rallié la population derrière moi et j'espère que les évêques m'aideront dans mes projets de conquête.◆

LE ROI CLOVIS VEUT S'INSTALLER À PARIS

Devenu un homme nouveau après son baptême, le roi Clovis s'est choisi une nouvelle capitale. Ce sera Paris ! La ville est idéalement située au bord de la Seine ; plusieurs routes s'y croisent. L'ancienne Lutèce a pris le nom des Parisii, les Gaulois qui habitaient la région. Elle possède encore ses remparts romains et elle a conservé les restes de plusieurs grands monuments romains (les Arènes et les Thermes, sur la rive gauche de la Seine). Du coup, c'est une ville prestigieuse. Clovis pense y faire construire une basilique royale en l'honneur de Geneviève, la courageuse bergère qui empêcha les Parisiens de céder à la panique face à Attila (451).◆

APRÈS L'AFRIQUE ET L'ITALIE, L'EMPEREUR **JUSTINIEN** RECONQUIERT L'ESPAGNE... ET RESSUSCITE LE GRAND EMPIRE ROMAIN.

EMPIRE ROMAIN, LE RETOUR

À Constantinople L'empire Romain continue. Justinien et ses conseillers, évêques et généraux, sont habillés à la romaine.

EN DIRECT DE CONSTANTINOPLE

Après 27 ans de règne, Justinien réalise son rêve : reprendre les territoires conquis par les Barbares, et marquer l'histoire de son empreinte. Dès son arrivée au pouvoir, il a tout fait pour reconquérir les anciennes possessions romaines autour de la Méditerranée et réunir ainsi les deux parties de l'ancien Empire romain : l'Orient et l'Occident. Il a donc commencé par acheter la paix - très chère - avec son envahissant voisin perse puis il a concentré ses efforts sur l'Afrique du Nord et l'Europe du Sud. Épaulé par ses fidèles et talentueux généraux, Bélisaire et Narsès, il a profité des moindres faiblesses des Barbares pour leur reprendre des territoires. C'est chose faite aujourd'hui ! L'Afrique des Vandales a capitulé en moins d'un an. Puis cela a été le tour de l'Italie des Ostrogoths et de l'Andalousie (Espagne) des Wisigoths. Seule la Gaule reste à l'écart, aux mains des Francs. ◆

SCANDALE

L'impératrice était une actrice nue !

La botte secrète de Justinien, cela a toujours été elle, Théodora, sa femme. Disparue tragiquement, il y a huit ans déjà, elle lui était toute dévouée. D'un sang-froid exceptionnel, c'est elle qui redonna espoir à l'empereur lors de la grande insurrection de 532 et l'aida à la réprimer. Mais qui était-elle vraiment? Une maîtresse femme, une habile tacticienne? Non! Aujourd'hui, grâce à des fuites en provenance du palais, on apprend qu'il s'agissait en fait d'une simple actrice. Pire, selon toute vraisemblance, la belle Théodora était une vraie exhibitionniste, qui aimait danser nue sur la scène de son théâtre!

RENDONS SA COUPOLE À SAINTE-SOPHIE !

Pour célébrer sa toute-puissance, l'empereur Justinien a demandé aux meilleurs architectes grecs de construire le plus beau monument du monde. L'église, consacrée le 27 décembre 537, est gigantesque. Sa coupole de plus de 50 mètres de haut est une véritable splendeur. Mais il y a quatre ans, un terrible tremblement de terre l'a endommagée. À ce jour, elle n'est toujours pas réparée. Et les travaux traînent en longueur. Rejoignez « Les Amis de Sainte-Sophie » pour redonner sa grandeur à notre belle basilique. ◆

LA MODE EST AU ROUGE

À la cour, La couleur pourpre est à la mode. Mais uniquement pour la famille impériale. Pierres et perles précieuses ornent les vêtements et les coiffures des personnages de haut rang, comme cette parure de perles qui retient les cheveux de L'impératrice Théodora.

SORTIR

TOUS AUX COURSES DE L'HIPPODROME !

Tout près du palais impérial, optez pour l'hippodrome! Venez assister aux spectaculaires courses de chars et soutenir votre équipe préférée. Choisissez les Rouges de l'empereur ou, plus populaires, les Verts ou les Bleus. Frissons garantis!

ORIENT EXPRESS

PRIX 2 dirhams

UN CARAVANIER DU DÉSERT D'ARABIE, DU NOM DE **MAHOMET**, A REÇU LA VISITE DE L'ANGE GABRIEL DANS SA GROTTE.

UN NOUVEAU PROPHÈTE EST NÉ

EN DIRECT D'ARABIE

Stupeur à La Mecque ! Un certain Mahomet affirme avoir rencontré l'ange Gabriel. Ce riche commerçant très pieux avait l'habitude de se retirer dans une grotte, pour méditer et prier, à la manière des ermites, dans le silence et le jeûne. Était-il à bout de force, hier soir ? A-t-il eu une vraie révélation ? Toujours est-il, qu'après 27 jours passés en méditation pendant le mois de ramadan, il aurait eu une vision : l'ange Gabriel en personne.

MAHOMET PERSÉCUTÉ

L'ange lui serait apparu et lui aurait commandé de se soumettre à Allah, dieu unique et tout-puissant, capable de ressusciter les morts et d'anéantir les incroyants. D'abord effrayé, Mahomet l'a écouté et il s'est empressé de répéter ce que lui dictait le Ciel. Mais tout le monde se moque de lui. Les habitants de La Mecque, très attachés à leurs divinités, refusent de croire en un dieu unique et menacent de le faire tuer ! ◆

Mahomet au Paradis. La religion fondée par Mahomet s'appelle l'islam, ce qui signifie soumission à Dieu.

INTERVIEW

« Il brillait comme le Soleil ! »

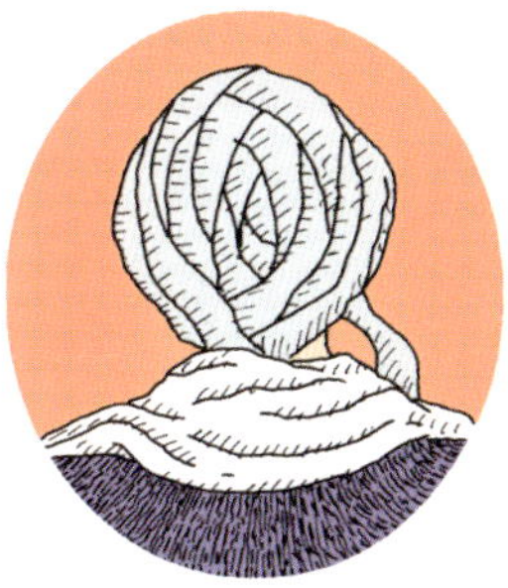

Mahomet nous livre son témoignage. Il nous confirme qu'il a été choisi pour être le messager du dieu unique, Allah. Et qu'il va diffuser l'islam dans le monde entier.

Orient Express : Racontez-nous comment cela s'est passé ?
Mahomet : Comme vous le savez, j'étais en train de méditer dans le désert, dans ma grotte du mont Hira, à 5 km de la ville. Quand soudainement, un être extraordinaire m'est apparu.
Orient Express : À quoi ressemblait-il ?
Mahomet : Il était très grand et brillait comme le Soleil. Il avait deux ailes et portait une longue robe. Je n'avais jamais rien vu de semblable.
Orient Express : Votre réaction ?
Mahomet : J'ai eu très peur ; j'ai cherché à me cacher. Mais, dans une grotte, c'est difficile ! C'est là que l'ange m'a dit que j'avais été choisi pour être le messager d'Allah. Puis il a disparu… Heureusement que ma femme, Khadidja, m'a convaincu que je n'avais pas rêvé !
Orient Express : Peu de gens vous croient.
Mahomet : Ce que je dis est vrai. Je suis sûr que je vais réussir à convaincre de plus en plus de gens. Je vais organiser la communauté des croyants et diffuser l'islam partout. ◆

La Mecque est la patrie de Mahomet. C'est un centre de pèlerinage.

POUR ALLER AU PARADIS

Selon Mahomet, pour gagner la vie éternelle dans le paradis d'Allah, il suffit de suivre cinq rituels fondamentaux :
◆ Croire en Allah, le dieu unique, et en son prophète, Mahomet.
◆ Prier cinq fois par jour (toujours en direction de La Mecque, à l'aube, à midi, l'après-midi, au coucher du soleil et le soir).
◆ Respecter le jeûne pendant le mois du ramadan (neuvième mois du calendrier lunaire arabe).
◆ Faire, une fois dans sa vie, le pèlerinage à La Mecque (le Hadj), du 7e au 13e jour du dernier mois de l'hégire (c'est le moment de la fête de l'Aïd).
◆ Faire l'aumône aux pauvres.
Ces règles sont les cinq piliers de l'islam, la religion de Mahomet. ◆

AVIS À TOUS

LE PÈLERINAGE REPREND

Les commerçants de La Mecque doivent leur fortune aux pèlerins qui viennent adorer la pierre noire de la Kaaba. Ils ont donc commencé par traiter Mahomet de fou. Et ils ont persécuté ses disciples. Heureusement, Omar, l'un des hommes les plus puissants de la ville, a rejoint Mahomet. Un accord a été trouvé et le pèlerinage va reprendre. En l'honneur d'Allah, désormais.

711

ORIENT EXPRESS

PRIX 2 triens

LE 11 JUILLET, LE ROI WISIGOTH RODÉRIC A ÉTÉ TUÉ À GUADALETE. C'EST LA FIN DU ROYAUME CHRÉTIEN D'ESPAGNE.

L'ESPAGNE EST MUSULMANE

Démis par ses rivaux, l'ancien roi Witiza avait appelé à l'aide ses voisins du Maghreb. Grâce à cette victoire, les guerriers berbères sont maîtres de l'Espagne.

EN DIRECT DE L'ANDALOUSIE

Après deux jours de combats acharnés au bord de la rivière de Guadalete (Sud de l'Espagne), les troupes du roi wisigoth Rodéric ont fini par se rendre. Les vieilles rivalités de l'aristocratie wisigothique ont affaibli l'armée et rendu un fier service aux musulmans. En effet, les partisans de l'ancien roi Witiza qui contestent depuis toujours la légitimité de Rodéric n'ont rien trouvé de mieux que de se retirer en pleine bataille, laissant sans protection les flancs de l'armée. La garde personnelle du roi a résisté énergiquement aux attaques des 6 000 guerriers berbères menés par le jeune Tariq ibn Ziyad. La cavalerie légère musulmane semblait insaisissable. Elle décochait ses flèches en virevoltant, faisant semblant de s'enfuir avant de repartir à l'assaut... Déstabilisée par cette façon de combattre, la garde royale a vite été mise en déroute, et le roi a été tué.◆

VIVE LES GRANDES EAUX !

Pas assez d'eau ! Le vainqueur du roi Rodéric, Tariq ibn Ziyad, trouve l'Espagne bien aride. Il a décidé de la couvrir de jardins et de vergers, irrigués par d'ingénieux systèmes d'arrosage, de fontaines, de jets d'eau et bassins en tout genre... Comme cela, il pourra continuer à déguster ses fruits et légumes préférés, inconnus jusqu'alors en Espagne : la pêche, l'abricot, l'orange, le melon, le fenouil, le céleri, l'artichaut, la laitue et le chou-fleur. ◆

LA RÉSISTANCE CHRÉTIENNE S'ORGANISE

Pelayo, un officier du roi Rodéric à Guadalete, a réussi à s'enfuir vers le nord du pays, avec 300 guerriers. Il jure de reprendre l'Espagne aux musulmans et de prendre la tête des chrétiens réfugiés dans les Pyrénées. Il se fait couronner roi et fonde le royaume des Asturies. Il veut être le continuateur des rois wisigoths, dont il rappelle sans cesse le souvenir... Et il prépare déjà la revanche !

NOUVELLES DE POITIERS

Après sept jours d'observation, la redoutable cavalerie arabe a choisi de se lancer (le 25 octobre 732) sur l'armée de Charles Martel. Le courage du chef franc est légendaire : son nom viendrait du fait qu'il frappe ses ennemis... avec la force d'un marteau ! Les combattants francs ont attendu le choc, immobiles comme un « bloc de glace ». Le combat a été rude ; il a duré toute la journée. Abd el-Rahman a trouvé la mort après avoir chèrement défendu sa vie. Les musulmans ont profité de l'obscurité pour repartir vers le Sud... Et les Francs n'ont pas compris tout de suite qu'ils avaient gagné ! C'en est fini des razzias au nord des Pyrénées. ◆

CORDOUE CAPITALE

Après la conquête, les princes musulmans font construire de véritables palais des Mille et Une Nuits dans les villes d'Al-Andalous (nom arabe de l'Espagne), à Séville, Grenade, Cordoue. Les plus grands savants de notre époque s'y retrouvent. Cordoue est la capitale. On dit que l'émir (gouverneur) veut y faire bâtir la plus belle mosquée du monde...

FRANCIE EXPRESS

PRIX 5,5 deniers

LES GRANDS SEIGNEURS DU ROYAUME FRANC ONT ÉLU COMME **ROI** LE FILS DE CHARLES MARTEL. CE CHOIX N'EST PAS UNE SURPRISE.

LE TRÔNE POUR PÉPIN LE BREF

EN DIRECT DE SOISSONS (NORD-EST DE PARIS)

Nous apprenons aujourd'hui l'élection de Pépin, l'actuel maire du palais, comme roi des Francs. Le fils de Charles Martel (le fameux vainqueur de la bataille de Poitiers) est depuis longtemps très populaire. Dans sa jeunesse, il aurait affronté un lion féroce qu'il avait fait lâcher contre un taureau indomptable ! Ses soldats l'ont alors reconnu comme un chef-né, et se sont déclarés prêts à le suivre en toutes circonstances. C'est cet homme énergique qui a été désigné par l' assemblée des grands du royaume. L'élection du nouveau roi était attendue. Pépin le Bref bénéficiait en effet du soutien du pape Zacharie. Consulté sur le problème des rois mérovingiens, qui n'exercent plus le pouvoir en Gaule, le souverain pontife avait répondu : « Il vaut mieux appeler roi celui qui a, plutôt que celui qui n'a pas le pouvoir royal. » Et il a ordonné que Pépin soit couronné roi ! ◆

PORTRAIT

PETIT MAIS COSTAUD !

La puissance n'est pas fonction de la taille ! Pépin le démontre avec brio. S'il doit son surnom de « Bref » à sa petite taille, il a fait preuve très tôt des qualités d'un futur roi. Du coup, en 741, à la mort de son père, personne n'ose lui disputer la charge de maire du palais. Le voilà donc qui dirige de fait, à 28 ans, le royaume franc avec son frère Carloman. Mais six ans plus tard, Carloman préfère se retirer dans un monastère. Pépin, lui, commence à lorgner vers le trône. Seul problème : il est déjà occupé par Childéric III...

Les successeurs de Clovis n'ont plus de pouvoir. Avant son élection, Pépin était déjà le véritable chef des Francs.

EXIT, CES FAINÉANTS DE ROIS MÉROVINGIENS

C'en est définitivement fini de ces rois de pacotille qui ne gouvernaient plus leur royaume ! Ils avaient abandonné le pouvoir aux officiers du palais royal : le connétable chargé des écuries royales, le maréchal qui s'occupait du tribunal et surtout le maire du palais lui-même, qui dirigeait en fait l'administration du royaume. Pépin le Bref s'occupait de tout, nommant les évêques, les ducs, les comtes... Juste avant son élection par les seigneurs francs, et avec l'accord du pape, il a fait déposer et enfermer dans un monastère le dernier roi mérovingien, Childéric III. Et il a bien pris soin de le tondre. Tout un symbole ! Car la puissance et le charisme des rois mérovingiens étaient censés résider dans leur longue chevelure... ◆

UNE ÉLECTION, C'EST BIEN. UN SACRE, C'EST ENCORE MIEUX !

Tout juste élu roi des Francs, Pépin le Bref envisage de se faire sacrer, comme Clovis. Choisir le sacre, c'est souligner que le roi a été désigné par Dieu lui-même. Incontestable ! La cérémonie se déroule en deux temps : l'onction et le couronnement. On applique sur le corps du futur souverain (front, nuque, poitrine) l'huile sacrée, le saint chrême, utilisé pour le baptême de Clovis. Puis, le roi reçoit la couronne, signe de son pouvoir. Mais à ce jour, la date du sacre du roi Pépin n'a pas encore été communiquée. Il devrait être sacré dans la basilique Saint-Denis (près de Paris).

MODE MASCULINE

CHANGEZ DE TÊTE, CHANGEZ DE LOOK

Adieu les longues chevelures indisciplinées à la barbare ! Adoptez la nouvelle mode des guerriers francs : une coupe au bol, courte et nette, beaucoup plus commode pour le sport et les batailles. Pensez aussi à tailler votre barbe ou même, coupez-la carrément ! Et, pour un nouveau visage, plein d'une autorité naturelle, pourquoi ne pas opter en faveur de la moustache ? ◆

TRAGÉDIE DANS LES PYRÉNÉES ! UN DES PLUS FIDÈLES AMIS DE NOTRE ROI CHARLES EST TOMBÉ DANS UN HORRIBLE GUET-APENS.

LE COMTE ROLAND TUÉ À RONCEVAUX

EN DIRECT DES PYRÉNÉES

De retour d'Espagne, après une dure campagne contre les musulmans, l'arrière-garde de l'armée de Charlemagne, commandée par le comte Roland, est tombée dans une embuscade tendue par les montagnards basques. Rapidement submergés, les Francs se sont défendus avec vaillance. Roland s'est battu comme un lion, son épée Durendal à la main. Les Basques ont pillé les chariots, avant de disparaître dans la nature.

L'AMI DU ROI

Issu de la famille des comtes de Laon, Roland appartenait au cercle des proches amis de Charlemagne. Dès son arrivée au pouvoir, le roi l'a nommé duc et il lui a confié le commandement en chef de la région militaire de Bretagne. Il a participé ensuite aux premières campagnes de Charlemagne en Italie et en Saxe (Allemagne). Le roi ne se remet pas de cette perte.◆

Alors que les guerriers de Charlemagne remontent les cols escarpés des Pyrénées, les Basques insoumis passent à l'attaque…

Le roi a le soutien de l'Église : il est représenté entouré de deux ecclésiastiques, et couronné par Dieu.

CHARLEMAGNE VEUT UNE EUROPE CHRÉTIENNE

Fils de Pépin le Bref, Charles 1er (le futur Charlemagne) est élu roi des Francs, en même temps que son frère Carloman. Quand celui-ci meurt 3 ans plus tard, Charles s'empare du pouvoir. Il n'a alors qu'un rêve : étendre son royaume et restaurer le grand Empire romain. Son ambition est même plus grande. Charles veut unir tous les peuples d'Europe autour de sa religion : la foi chrétienne. Au début de cette année, il a déjà conquis la Bavière et la Saxe (Allemagne), le nord de l'Italie (la région de Milan) et le nord de l'Espagne.◆

4 500 SAXONS DÉCAPITÉS

Dix ans de campagnes militaires, et les rebelles saxons donnent toujours du fil à retordre au roi des Francs... Du coup, Charles a décidé de se montrer impitoyable. Excédé par leurs incessantes révoltes, il fait arrêter et décapiter 4 500 Saxons ayant rompu leur serment de fidélité pour rallier le chef rebelle Widukind. (782)

MODE MASCULINE

RESTONS SIMPLES !

Le roi des Francs apprécie la simplicité des bonnes vieilles chemises en toile de lin, avec caleçon assorti. Par-dessus, une tunique à manches brodées et une culotte resserrée autour des jambes par des bandelettes en tissu. En hiver, le roi s'emmitoufle dans un gilet en peau de loutre et un long manteau bleu. Pas de tissu précieux : guère pratique pour le combat !

EUROPA EXPRESS

PRIX 22 deniers

LE 25 DÉCEMBRE, À ROME, LE PAPE A COURONNÉ LE ROI DES FRANCS EMPEREUR D'OCCIDENT. L'EMPIRE ROMAIN PEUT-IL RENAÎTRE ?

LE NOËL DE CHARLEMAGNE

EN DIRECT DE ROME

Au cours de ces dix dernières années, les conquêtes du roi des Francs l'ont placé bien au-dessus des autres rois du monde, d'autant plus que sa grande piété n'est plus à prouver. Après avoir été victime d'une tentative d'assassinat l'année dernière, le pape Léon III l'a donc tout naturellement appelé à son secours. Arrivé à Rome il y a un mois, le roi des Francs s'est empressé de rétablir la toute-puissance du pape. Il a profité de l'occasion pour se faire couronner à Rome. Et son fils Charles le Jeune avec lui ! La cérémonie a eu lieu aujourd'hui, jour de Noël. Ce matin, donc, Charles 1er s'est rendu à la basilique Saint-Pierre de Rome, revêtu de ses plus beaux habits. Avant la messe de Noël, il s'est retiré pour prier seul, devant la tombe de saint Pierre.

Charlemagne est devenu empereur, comme au temps des Romains. Mais il doit sa couronne au pape.

VIVE L'EMPEREUR !

Au moment où il se relevait, le pape l'a brusquement coiffé d'une couronne, il l'a béni et l'a salué en disant par trois fois « Charles, Auguste, couronné par Dieu puissant et pacifique empereur des Romains ». La foule présente l'a longuement acclamé. Un empereur d'Occident était né. C'est Charles 1er le Grand, *Carolus Magnus* : Charlemagne ! ◆

L'EMPEREUR NE SAIT PAS ÉCRIRE, MAIS IL AIME L'ART

Charlemagne n'a jamais appris à écrire. Mais il est curieux de tout. Au cours de ses conquêtes, il a découvert l'Italie et s'est pris de passion pour l'art. Du coup, le voilà qui s'entoure des plus grands intellectuels et savants d'Europe. Pour former les dirigeants de l'Empire et de l'Église, il ouvre des écoles dans les monastères et les palais. Et pour simplifier le travail des moines copistes, il favorise la diffusion d'une nouvelle écriture : la caroline.

LES MISSI DOMINICI, DES ENVOYÉS TRÈS SPÉCIAUX

Gouverner un aussi vaste empire est une tâche difficile. Charlemagne ne peut être partout à la fois ! Pour vérifier que ses décisions sont correctement appliquées, il envoie en tournée dans tout l'Empire des « missi dominici » (en latin : les envoyés du maître). Envoyés spéciaux chargés d'une mission particulière, ces agents de l'empereur vont toujours par deux - un laïc et un religieux -, et ils reviennent régulièrement faire leur rapport au palais.◆

ARCHITECTURE

Aix-la-Chapelle, capitale de Charlemagne

L'Empire a désormais une capitale : Aix-la-Chapelle (Allemagne). Charlemagne a choisi cette ville thermale pour y bâtir son palais. Excellent nageur, il aime particulièrement ses eaux chaudes. le palais comprend d'ailleurs une vaste piscine, à côté de la chapelle palatine, dans laquelle il aime prier. L'ensemble est immense. La seule salle de réunion est longue de 47 m et large de 20 m. De quoi recevoir plus d'un millier de personnes ! Le tout dans une cascade de marbre et de porphyre d'Italie. Le grand luxe !

CUISINE

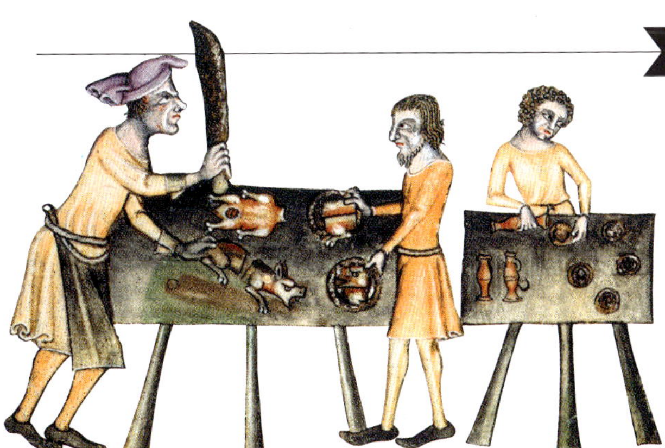

LE ROQUEFORT, IL ADORE

Bon vivant, Charlemagne est très gourmand. Son péché mignon, c'est le sucré-salé. Il raffole du roquefort qu'il a découvert au hasard de ses conquêtes. Il le mange accompagné de poires ou de raisin. Grand amateur de viande, de fruits et de fromage, il boit peu mais il apprécie les vins parfumés aux épices ou aux pétales de fleurs.◆

EUROPA EXPRESS

PRIX 19 deniers

CHOC À VERDUN : L'EUROPE DISPARAÎT ! LES PETITS-ENFANTS TERRIBLES DE CHARLEMAGNE ONT PARTAGÉ SON EMPIRE EN TROIS.

L'EUROPE UNIE, EST-CE DÉJÀ FINI ?

EN DIRECT DE VERDUN

Quarante ans après la mort de Charlemagne, l'Empire vient de voler en éclats. Après s'être longtemps disputés, Lothaire, Louis et Charles, dit le Chauve, se sont mis d'accord, à Verdun (Est de la France) pour se partager le royaume de leur grand-père.

TROIS NOUVEAUX PAYS

Louis a reçu les terres de l'Est, au-delà du Rhin. La partie ouest, jusqu'à l'Espagne, est donnée à Charles ; elle prend le nom de Francie. La partie centrale est laissée à Lothaire, d'où son nom de Lotharingie. Il conserve Aix- la-Chapelle, la capitale de Charlemagne, et le titre d'empereur, même s'il n'a plus le droit d'intervenir dans les royaumes de ses frères. Après avoir juré de respecter le traité, les trois frères se sont ensuite séparés. Trois pays rivaux viennent de naître sur les ruines de l'Empire de Charlemagne. C'est donc bien à la fin d'un monde que nous sommes en train d'assister !◆

Les Francs ne pratiquent pas le droit d'aînesse : tout est partagé entre tous les héritiers survivants. L'Empire de Charlemagne est donc divisé entre ses trois petits-fils.

LIVRES : LA RENAISSANCE CAROLINGIENNE AU TOP !

Une période de déclin ? Pas si sûr... C'est en effet au moment du traité de Verdun que sont fabriqués les plus beaux manuscrits enluminés carolingiens. Partout, dans les grandes abbayes de Corbie, Saint-Denis, Saint-Martin de Tours, Reims ou Metz, les moines copistes réalisent de somptueuses enluminures (lettres décorées) pour illustrer la Bible ou les livres de prières des rois (comme Charles le Chauve) ou des grands évêques (comme Drogon, le demi-frère du roi Louis le Pieux).◆

SONDAGE

Êtes-vous satisfait de l'accord passé à Verdun ?

Oui	37%
Non	25%
Sans opinion	38%

Regrettez-vous l'époque de Charlemagne ?

Oui	34%
Non	41%
Sans opinion	15%

Pirates en Méditerranée, raids vikings : vous sentez-vous en sécurité ?

Oui	46%
Non	38%
Sans opinion	16%

Pensez-vous que le traité de Verdun est une chance pour l'Europe ?

Oui	39%
Non	41%
Sans opinion	20%

INTERVIEW

« Ce partage va provoquer de nouvelles guerres... »

Très inquiet des conséquences de ce partage pour la paix en Europe, le diacre **Florus de Lyon** annonce qu'il va écrire un livre sur le traité de Verdun.

Europa Express : Pourquoi l'annonce du traité de Verdun vous a-t-il bouleversé ?
Florus de Lyon : Que peut-il en sortir de bon ? Nous venons de passer brutalement d'un grand Empire à trois pays séparés. Et peut-être à bien plus lors de la prochaine succession ! Je ne pense pas que Charlemagne aurait voulu cela. Il avait réussi à créer une sorte d'Empire idéal où vivait en paix un seul et même peuple chrétien. Tout cela est bien fini. Je pense que ce partage va créer de nouvelles rivalités et risque de provoquer bien des guerres.
Europa Express : Vous pensez que c'est un retour en arrière ?
Florus de Lyon : Bien sûr, ct je ne suis pas le seul ! Mais vous savez, je ne suis qu'un écrivain. Malheureusement, ce ne sont pas les hommes de lettres qui font les royaumes ! Ils peuvent seulement les réinventer dans leurs œuvres.
Europa Express : Vous allez écrire sur le traité de Verdun ?
Florus de Lyon : Je crois, oui. Cela commencera comme ça : « Pleurez, race des Francs, car l'Empire gît à présent dans la poussière. Il n'y avait qu'un chef et il n'y avait qu'un peuple. Les gens vivaient en paix. »◆

886
LE JOURNAL DE NORMANDIE
PRIX 10 deniers

PARTOUT, LES TERRIBLES HOMMES DU NORD ATTAQUENT.
700 BATEAUX ET **30 000 GUERRIERS** FONT LE SIÈGE DE PARIS.

LES VIKINGS ASSIÈGENT PARIS

EN DIRECT DE PARIS

Venus de Scandinavie, ces redoutables guerriers sans foi ni loi, qui n'hésitent pas à tout piller sur leur passage, assiègent Paris depuis le 24 novembre 885. Pas moins de 30 000 Vikings ont débarqué sous ses remparts, alors que la ville est défendue par 200 chevaliers seulement ! Au début, la situation semblait désespérée. Dès le premier soir, Paris était en flammes.

PARIS SE DÉFEND

La défense de Paris est placée sous le commandement de deux hommes énergiques : Eudes, marquis de Neustrie et comte de Paris, ainsi que Gozlin, l'évêque de la ville. Toujours en première ligne, ils encouragent leurs hommes pour qu'ils tiennent bon. Et cela marche ! Les Vikings sont obligés de revoir leur stratégie et se préparent à un long siège. Dans Paris assiégée, les conditions de vie sont de plus en plus difficiles. Une épidémie de peste s'est déclarée.

Les Vikings (que l'on appelle aussi les Normands, car ils viennent du Nord) sont installés sur la Seine, d'où ils pillent les villes. Mais cette fois, Paris résiste. Depuis presque 3 mois !

Le comte Eudes décide de tenter une sortie. Il espère obtenir le secours du roi Charles le Gros qui arrive de Germanie avec son armée.

VERS LA FIN DU SIÈGE ?

C'est la bonne nouvelle du jour ! Le comte Eudes a réussi à franchir les lignes vikings et à rejoindre ses alliés francs. Il revient à Paris

PORTRAIT

Le défenseur de Paris, bientôt roi ?

Le jeune comte Eudes a de qui tenir. Il est le fils aîné de Robert le Fort, marquis de Neustrie, chargé de défendre la région parisienne depuis les premiers raids vikings. Eudes entend marcher sur les traces de son père qui vient de mourir. Est-ce chose faite aujourd'hui ? On lui promet un brillant avenir dans les hautes sphères du pouvoir.

accompagné par les troupes du roi Charles le Gros… qui préfère négocier la fin du siège, en payant aux Vikings un tribut de plusieurs milliers de livres.◆

LE SECRET DES VIKINGS : LE BATEAU AUX DRAGONS

Au départ, simple pirogue creusée dans un tronc d'arbre, le drakkar (d'un mot suédois signifiant dragon) est équipé d'un gouvernail, de rames et d'une voile carrée. Robuste et léger, il peut à la fois résister à la haute mer et remonter les fleuves et les rivières peu profondes. Très maniable, il navigue aussi bien vers l'avant que vers l'arrière et accoste partout. Ce remarquable bateau est la clé de la domination des Vikings sur les mers. Il leur sert pour le commerce, comme pour le transport des troupes.◆

(PUBLICITÉ)

Pour être en forme, mangez des épinards !

Tout droit venu d'Arabie, ce légume aux feuilles bien vertes débarque en Europe… Un vrai régal!

LE PETIT CAPÉTIEN

PRIX 12 deniers

LE DERNIER ROI CAROLINGIEN VIENT DE MOURIR À LA CHASSE. IL N'A PAS D'HÉRITIER. UN NOUVEAU ROI EST ÉLU : **HUGUES CAPET**.

UNE NOUVELLE DYNASTIE ?

EN DIRECT DE SENLIS (NORD DE PARIS)

Le roi Louis V a fait une chute mortelle au cours d'une partie de chasse dans la forêt de Compiègne. À l'annonce de cette nouvelle, les grands du royaume se sont aussitôt réunis à Senlis, pour décider de la succession au trône de France. Parmi eux, notons la présence de l'archevêque de Reims, Adalbéron. Il est probable qu'il s'engage en faveur d'Hugues Capet.

QUI EST HUGUES CAPET ?

Ses ancêtres ont souvent rivalisé avec les Carolingiens. Son grand-oncle Eudes et son grand-père Robert, qui se sont illustrés à maintes reprises par leur bravoure en combattant les Vikings, ont tous deux été rois de France. ◆

Hugues Capet et son fils Robert, âgé de 15 ans, seront sacrés ensemble. Le roi ne sera plus élu, comme il était d'usage chez les Francs. La monarchie devient ainsi héréditaire.

INTERVIEW

« Je veux que les Capétiens règnent très longtemps ! »

Maintenant qu'il a été élu grâce au soutien des puissants évêques francs, **Hugues Capet** a de grandes ambitions, pour lui-même et pour sa famille.

Le Petit Capétien : Pourquoi ce surnom de Capet ?
Hugues : C'est à cause de la cape de saint Martin, le célèbre évêque de Tours qui est entré dans la légende pour avoir partagé son manteau avec un pauvre. C'est moi qui détient cette cape désormais, puisque je suis responsable de son monastère de Tours.
Le Petit Capétien : Comment êtes-vous devenu roi ?
Hugues : Les grands du royaume franc ont suivi les recommandations de l'archevêque de Reims. C'est lui qui dirigera la cérémonie de mon sacre. Il aura lieu le 3 juillet, à Noyons, au nord de Paris. Mon fils Robert sera sacré avec moi, car je veux fonder une dynastie qui durera très très longtemps ! ◆

Le travail de la terre est difficile. Les outils sont rares et les journées des paysans très longues.

DUR, DUR DE VIVRE À NÔTRE ÉPOQUE

L'instabilité politique et les pillages des soldats et des brigands nous compliquent la vie ! Les villes sont inexistantes et presque toute la population vit dans les campagnes du travail de la terre. Nos paysans ont souvent une condition proche de l'esclavage. Et pour couronner le tout, les seigneurs se disputent les terres. Malgré l'arrivée d'Hugues Capet sur le trône, ils continuent à n'en faire qu'à leur tête et ne respectent pas l'autorité royale. Plus que jamais, les guerres se multiplient entre grands et petits seigneurs.
Le passage des cavaliers dans les champs est une catastrophe pour les récoltes, déjà bien maigres. Si le printemps est pluvieux ou trop froid, c'est la famine assurée. ◆

SUCCÈS

SHÉHÉRAZADE EST SAUVÉE

Les histoires de Shéhérazade remportent un grand succès dans le monde arabe. Cette belle princesse avait épousé un prince qui avait l'habitude de tuer ses épouses le lendemain de leurs noces ! Shéhérazade a sauvé sa tête en racontant chaque soir une passionnante histoire à son mari.
Ces *Contes des Mille et Une Nuits*, les histoires d'Ali Baba, Aladin, Sindbad… viennent d'être publiés en langue arabe.

990

FÉODAL EXPRESS

PRIX 14 deniers

FINI LE TEMPS DES **ROIS** ET DES **REINES** ! ILS CÈDENT LA PLACE AUX SEIGNEURS ET CHEVALIERS DES CHÂTEAUX FORTS.

TROP FORTS, LES CHÂTEAUX

DE NOS ENVOYÉS SPÉCIAUX

La fin de l'Empire de Charlemagne a changé le visage de l'Europe. Un siècle et demi après sa mort, les rois ne règnent plus que sur des mouchoirs de poche. Ils ne sont plus respectés. Celui que l'on craint, désormais, c'est le seigneur du coin ! Pour se protéger des brigands et autres ennemis, il s'est fait construire un château fortifié. Au début, c'était une simple construction en bois, perchée sur une butte et entourée d'une palissade. Mais de plus en plus, le château est construit en pierre. Depuis cette forteresse, le seigneur règne en maître absolu sur son domaine et sur ses paysans. Il se donne des titres ronflants qui disent sa volonté de rivaliser avec le roi. On connaît, par exemple, un Richard Ier, duc de Normandie, ou un Guillaume IV, duc d'Aquitaine… N'en jetez plus !

Une véritable forteresse ! Pour se protéger des brigands, les seigneurs font construire des châteaux en pierre avec tout un réseau de tours, de donjons et de chemins de ronde.

DE FIDÈLES VASSAUX

Le seigneur a aussi ses fidèles : les vassaux. Il exige d'eux un serment de fidélité : l'hommage. Le vassal, sans arme et tête nue, s'agenouille et place ses mains entre celles de son seigneur. Puis il se relève et lui jure fidélité, la main levée sur une relique de saint ou sur la Bible. En échange, le seigneur lui donne des terres : son fief. ◆

SERMENT

Les 10 devoirs du chevalier

– 1 –
Les enseignements de l'Église, tu respecteras

– 2 –
L'Église, tu protégeras

– 3 –
Les faibles, tu défendras

– 4 –
Le pays où tu es né, tu aimeras

– 5 –
Devant l'ennemi, jamais tu ne fuiras

– 6 –
Les infidèles, tu combattras

– 7 –
Ton seigneur, tu serviras

– 8 –
La parole donnée, tu respecteras

– 9 –
Généreux, tu seras

– 10 –
Le droit et la justice, tu défendras.

Les chevaliers sont avant tout des guerriers. Ils se battent à cheval.

LES CHEVALIERS AIMENT LA BAGARRE

Véritables spécialistes de la guerre, les chevaliers doivent être assez riches pour posséder un cheval, une épée et une armure. Grâce au revenu de ses terres, un seigneur peut accueillir les chevaliers à son service dans son château. En échange, ils le suivent dans ses expéditions militaires, surveillent et protègent son domaine. Mais attention, ce sont parfois de vrais soudards ! Ils dépouillent les paysans, saccagent les églises. Certains vont même jusqu'à assassiner des prêtres ! L'Église a donc décidé de remettre de l'ordre. Elle vient d'instaurer la Paix de Dieu. Ceux qui volent les pauvres, brutalisent les faibles et pillent les églises seront excommuniés. ◆

L'ÉGLISE VA TENTER D'EN FINIR AVEC LA VIOLENCE

L'adoubement Une cérémonie religieuse va marquer l'entrée dans la chevalerie. Le futur chevalier recevra son épée après une nuit de prières. L'épée sera bénie par un prêtre et il devra jurer de servir et protéger l'Église et les plus faibles.

(PUBLICITÉ)

Paysans, pour produire plus, adoptez l'assolement triennal !

Vos terres produisent peu ? Pas de panique ! Divisez-les en trois. Semez du blé et de l'avoine, et laissez un champ au repos. Faites tourner l'année suivante. Résultats garantis !

AN MIL, ANNÉE TERRIBLE ! PARTOUT, DES SIGNES INQUIÉTANTS SE MULTIPLIENT. EST-CE BIENTÔT L'**APOCALYPSE** ?

LA FIN DU MONDE EST-ELLE PROCHE ?

AVEC LE MOINE PASCHASE, NOTRE SPÉCIALISTE DU PARANORMAL

Alerte ! Le climat est de plus en plus déréglé ! L'Europe est la proie de pluies diluviennes, de terribles inondations, d'hivers glacés…
Des invasions de sauterelles provoquent des famines monstres ! On ne compte plus ceux qui sont obligés de manger des racines et des herbes ou qui mêlent de l'argile blanche à la farine. Les plus désespérés n'hésitent pas à se nourrir de chair humaine ! Les loups sont partout. On observe des passages de comètes, des éclipses du Soleil, des combats d'étoiles, des chutes de météorites, des lunes de sang et même des apparitions de dragons ! Les lieux saints de la chrétienté ont été profanés : Saint-Jacques de Compostelle et le tombeau du Christ à Jérusalem sont détruits. Le diable serait-il en train de passer à l'attaque ? ◆

Dans l'Évangile, l'Apocalypse de saint Jean annonce que 1 000 ans après la mort de Jésus-Christ, le diable sera lâché sur le monde…

INTERVIEW

« J'ai vu le diable entrer dans ma chambre »

Une nuit, alors qu'il allait se lever pour l'office des matines, le moine Raoul Glaber (Raoul le Chauve) a aperçu une espèce de nain au pied de son lit. Il nous raconte.

Féodal Express : À quoi ressemble le diable ?
Raoul Glaber : Il est horrible à voir : tout petit, avec un cou fragile, un visage maigre, des yeux tout noirs, le nez écrasé, une barbe de bouc, des oreilles velues et pointues, des cheveux hirsutes, des dents de chien et le dos bossu !
Féodal Express : Et alors, qu'a-t-il fait ?
Raoul Glaber : Il m'a fait une de ces peurs ! Il a saisi le lit où je dormais et l'a secoué de toutes ses forces. J'ai cru ma dernière heure arrivée ! Je me suis enfui de ma chambre...
Féodal Express : Et ensuite ?
Raoul Glaber : J'écris des livres de chroniques où je raconte les choses étranges qui se passent à notre époque. Je vais évidemment parler de ça ! ◆

CHAQUE VILLAGE BÂTIT SON ÉGLISE ROMANE

La fin du monde se fait finalement attendre. D'ailleurs, très peu de gens connaissent les dates du calendrier... Pour célébrer la gloire de Dieu, on construit partout de nouvelles églises. Un nouveau style apparaît : c'est l'art roman. On l'appelle « roman » car il imite les basiliques romaines, avec leur longue galerie centrale, la nef, où s'installent les fidèles. Au bout de cette nef, on trouve le chœur, où se tient le prêtre. Peu à peu, on rajoute une nef transversale, appelée le transept : elle coupe la nef principale et donne aux églises la forme de la croix du Christ. Sur les murs, des fresques de couleurs vives racontent la Bible. ◆

PETITES ANNONCES

Seigneur recherche guerriers professionnels

sachant combattre à cheval, pour faire respecter l'ordre sur ses terres.
Gîte et couvert fournis.
Prime d'intéressement sur les taxes perçues par le seigneur.

1066 LE JOURNAL DE NORMANDIE

PRIX 2 pennies

GUILLAUME DE NORMANDIE BAT SON RIVAL LE ROI D'ANGLETERRE, HAROLD LE SAXON, À LA BATAILLE D'HASTINGS.

UN BÂTARD ROI D'ANGLETERRE !

EN DIRECT D'HASTINGS

Après une journée de combat acharné, une flèche perdue vient de tuer le roi Harold II et de donner la victoire à Guillaume de Normandie. Il y a 15 jours déjà, Guillaume a débarqué sur la côte anglaise avec 20 000 Normands.

LA BATAILLE D'HASTINGS

Il est venu récupérer son héritage : la couronne d'Angleterre. Elle lui avait été promise par son cousin, le roi Édouard le Confesseur qui vient de mourir. Mais Harold, a pris sa place... La bataille entre les deux rivaux a été terrible. Cela a commencé par un carnage dans les rangs normands. Un vrai désastre ! On a même cru que Guillaume avait été tué, et il a été obligé de monter en première ligne pour redonner courage à ses troupes. Trois fois, il a chargé, sans résultat. C'est au moment où il commençait à désespérer qu'une flèche perdue a atteint Harold à l'œil. Et cela a décidé de l'issue de la bataille.◆

Descendant des Vikings installés en Normandie, Guillaume devient le nouveau roi d'Angleterre.

PORTRAIT

Guillaume le Conquérant

Le nouveau roi d'Angleterre est né en France. Il est le fils illégitime du duc Robert de Normandie. Parvenu au pouvoir à l'âge de huit ans, il a dû s'imposer auprès de ses seigneurs : son tuteur a été assassiné, son valet a eu la gorge tranchée dans sa propre chambre ! Mais Guillaume est un dur à cuire. Et il est costaud. Un vrai chef ! Depuis sa victoire, on le surnomme Guillaume le Conquérant.

PARLEZ FRANÇAIS !

Avec Guillaume, le français doit devenir la langue officielle de la cour d'Angleterre. Mieux, il a décidé de l'utiliser comme instrument de conquête. Adieu, alors, le vieil anglo-saxon ! Guillaume a de plus amené avec lui un certain nombre de religieux normands. Et il a la ferme intention de les installer à la tête des plus grands évêchés et monastères d'Angleterre. Une façon habile de gommer l'identité anglaise des grands du royaume qui voudraient résister à l'envahisseur. ◆

BRODERIE

POUR VOS CHAUMIÈRES, LA TAPISSERIE DE BAYEUX

Pour commémorer la victoire de Guillaume, l'évêque Odon de Bayeux, demi-frère du Conquérant, envisage d'en faire le sujet d'une broderie monstre : pas moins de 72 mètres de long ! 58 planches seront brodées sur une bande de lin. 58 images pour glorifier l'exploit des Normands à Hastings. En exclusivité pour nos lecteurs, voici le patron inédit de la traversée de la Manche.

1095

FÉODAL EXPRESS

PRIX 19 deniers

URBAIN II DEMANDE À TOUS LES CHRÉTIENS DE PARTIR POUR **JÉRUSALEM** ET DE LIBÉRER LE TOMBEAU DU CHRIST.

LE PAPE APPELLE À LA CROISADE

EN DIRECT DE CLERMONT (AUVERGNE)

La nouvelle fait grand bruit dans tout l'Occident : au concile de Clermont (Clermont-Ferrand), le pape Urbain II, venu spécialement de Rome, a prononcé un discours retentissant devant une foule médusée. Il s'est dit très inquiet pour les chrétiens d'Orient. Ceux-ci vivent depuis 25 ans sous la menace des Turcs seldjoukides, qui se sont emparés de Jérusalem, donc du tombeau du Christ, et interdisent tout pèlerinage aux chrétiens.

ALLEZ-Y TOUS !

Aussi, le pape a-t-il encouragé, en des termes très forts, les chevaliers à secourir leurs frères chrétiens. Il a invité tous les guerriers européens à se mettre au service de la foi chrétienne, à coudre la croix sur leur armure, à devenir des croisés. En échange, il leur accordera le pardon pour leurs péchés. La croisade, c'est également pour le pape un bon moyen de canaliser la violence de ces seigneurs très querelleurs. ◆

Urbain II a demandé aux chevaliers d'Occident de porter secours aux chrétiens d'Orient et à l'empereur de Byzance.

ILS PARTENT TOUS POUR JÉRUSALEM

C'est aussitôt le délire ! Des dizaines de milliers de personnes font le vœu de partir pour Jérusalem. À la veille de leur départ, ils cousent une croix de drap rouge sur leur poitrine, d'où leur nom de « croisés ». Quatre armées de chevaliers des différentes régions d'Europe sont en train de se former : les Francs du Nord, les Méridionaux rassemblés par le comte de Toulouse Raymond de Saint-Gilles, les chevaliers du Rhin et de la Meuse, dirigés par le comte Baudouin de Boulogne et son frère, le duc Godefroi de Bouillon, les Italiens, commandés par Bohémond de Tarente. Une foule de paysans et d'aventuriers se rassemblent eux aussi, pour une croisade beaucoup plus populaire.◆

Quatre armées vont traverser l'Europe et se retrouver à Constantinople. Le matériel de guerre est acheminé par bateaux.

AVIS À TOUS

Pour le salut de votre âme, marchez !

Pour racheter vos péchés, une seule solution, le pèlerinage ! Que vous choisissiez les destinations locales (Vézelay, Le Puy ou Conques) ou les valeurs sûres (Rome, Saint-Jacques de Compostelle, ou Jérusalem), le pardon est garanti !

UN ROI NORMAND POUR LA SICILE

D'autres aventuriers sont partis tenter leur chance en Sicile. Ce sont les cadets des grandes familles normandes qui ont dû laisser les terres à leur frère aîné... Soldats expérimentés, ils vivent en faisant les mercenaires, en Espagne, à Constantinople ou en Italie du Sud. Parmi eux, une famille, celle des Hauteville, fait vite fortune. Son plus jeune représentant, Roger, s'est emparé de la Sicile, jusqu'alors possession des Arabes... Et il vient de se faire couronner roi de Sicile !◆

UNE JOURNÉE

6H
BRRR... LA NUIT A ÉTÉ FRAÎCHE.
C'EST LA SAINT MICHEL! TOUS VOS PAYSANS DOIVENT DÉJÀ ÊTRE RASSEMBLÉS DANS LA COUR DU CHÂTEAU POUR PAYER LEURS IMPÔTS!
7H
HABILLEZ-VOUS VITE ET LAVEZ-VOUS LE VISAGE ET LES MAINS. VOTRE PÈRE VOUS ATTEND DANS LA CHAPELLE POUR LA MESSE.
7H30
BONJOUR LES ENFANTS! AVEZ-VOUS BIEN PENSÉ À FAIRE VOS HEURES* AVANT DE VENIR?
*PRIÈRES
MAINTENANT ÉCOUTONS AUGUSTIN! ET N'OUBLIEZ PAS DE PRIER POUR VOTRE GRAND FRÈRE CHARLES QUI FAIT SON APPRENTISSAGE EN ÉCOSSE AUPRÈS DU COUSIN GUILLAUME.
8H
THIBERT! NOUS DEVONS RÉCUPÉRER LE LOYER DE NOS PAYSANS AINSI QUE LE CENS ET LE CHAMPART*!
*TAXES

AU CHÂTEAU

12H
AS-TU BIEN RÉCITÉ TES LEÇONS, ARTHUR ?
ET VOUS LES FILLES ?
NOUS AVONS TISSÉ DE BELLES CROIX AU FIL D'OR AVEC MAMAN POUR QUE VOUS SOYEZ BIEN BEAU POUR PARTIR EN CROISADE !
13H
JE VAIS DEVENIR UN GRAND CHEVALIER N'EST-CE PAS ?
J'AI EU LA MAIN HEUREUSE À LA CHASSE. FESTOYONS MES AMIS !
18H
ATTENTION MON PÈRE, LE PÉCHÉ DE GOURMANDISE VOUS GUETTE !
NOTRE JONGLEUR ARNAUD VA NOUS RÉCITER QUELQUES LAISSES* DE LA CHANSON DE ROLAND.
*STROPHES

FÉODAL EXPRESS

PRIX 20 deniers

GRAND SUCCÈS DES **CHANSONS D'AMOUR** DE GUILLAUME D'AQUITAINE, LE PREMIER TROUBADOUR.

NOUVELLES STARS : LES TROUBADOURS

Les troubadours sont des poètes de l'amour. Ils chantent avec une viole.

EN DIRECT DE POITIERS

Gare au séducteur ! Les œuvres de Guillaume d'Aquitaine parlent le plus souvent des femmes, de l'amour et de ses aventures galantes. Même si ses poèmes chantés sont parfois très osés, il est considéré comme l'un des inventeurs de l'amour courtois (*fin amor* en occitan). Il en donne les règles dans ses poèmes : il faut savoir louer les qualités de sa bien-aimée (sa dame), s'imposer des épreuves, se lancer des défis... Le but : se montrer le plus chevaleresque possible ! C'est à cette seule condition que la bien-aimée acceptera l'hommage de son amoureux. Et ce n'est pas du bluff ! Guillaume IX, comte de Poitiers et duc d'Aquitaine, est aussi un valeureux guerrier qui combat avec le portrait de sa maîtresse peint sur son bouclier. Succès garanti ! Les poètes et jongleurs du Sud, comme Cercamon ou Jaufré Rudel, reprennent ses refrains quand ils sont en tournée dans les châteaux. ◆

SUCCÈS

JE N'ADORERAI QU'ELLE

Je me rends à elle,
je me livre,
Si j'aime
ma bonne dame,
Ne me tenez
pour ivre
Car sans elle
je ne puis vivre,
Tant de son amour
j'ai grand faim.

Pour elle
je frissonne
et tremble,
Je l'aime tant
de si bon amour!
Je n'en crois
jamais née
de si belle
En la lignée du
seigneur Adam.

Elle est plus
blanche qu'ivoire,
Je n'adorerai
qu'elle!
Mais, si je n'ai
prompt secours,
Si ma bonne dame
ne m'aime,
Je mourrai,
par la tête de
saint Grégoire.
Un baiser en
chambre ou sous
l'arbre!

Après le scandale, le professeur et son élève sont condamnés à entrer au couvent.

HÉLOÏSE ET ABÉLARD : UN GRAND AMOUR

C'est le couple dont tout le monde parle à Paris : Abélard, le philosophe à succès dans le Paris intello, et Héloïse, sa trop jeune, trop belle et trop savante élève. Mariés en secret, heureux parents du petit Astrolabe, ils filaient jusqu'à présent le parfait amour. Mais ça y est, c'est officiel : on ne les reverra plus ensemble. Leurs familles les ont forcés à se séparer. Héloïse va entrer au couvent et Abélard va devenir moine. Ils ont malgré tout juré de continuer à s'écrire. ◆

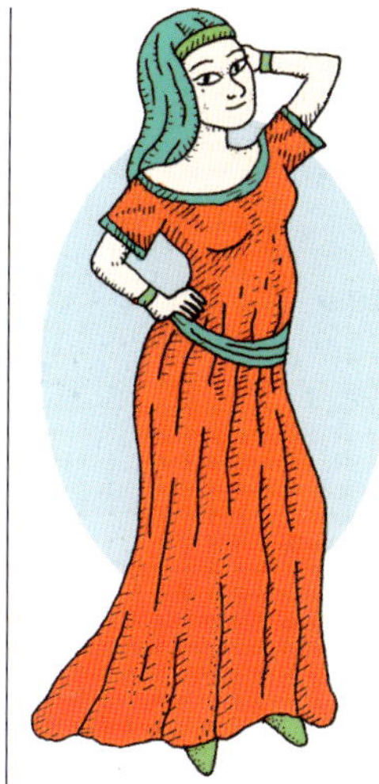

MODE

ROBES MOULANTES, COULEURS VIVES

La tendance est aux robes près du corps.
Les vêtements épousent au plus près la silhouette et n'hésitent plus à montrer et mettre en valeur les formes.
Et finie la grise mine ! En ville et au château, les nobles dames choisissent les couleurs vives : rouge, jaune, bleu ou vert. Avec cela, on n'a pas fini de les admirer ! Une mode à suivre.

(PUBLICITÉ)

Tournée triomphale dans les châteaux

Invitez un jongleur ou un poète ! Ils vous éblouiront par leurs tours de passe-passe, vous feront pleurer avec leurs complaintes ou rêver avec leurs chansons. Le tout pour un prix dérisoire. Contactez l'Union des auteurs-interprètes.

1144

FÉODAL EXPRESS

PRIX 23 deniers

APRÈS QUATRE ANNÉES DE TRAVAUX, UNE PARTIE DU CHŒUR DE LA **BASILIQUE DE SAINT-DENIS** A ÉTÉ CONSACRÉE.

LE STYLE GOTHIQUE EST UN SUCCÈS

EN DIRECT DE SAINT-DENIS

Une foule d'évêques et d'archevêques était réunie le 11 juin, à Saint-Denis, près de Paris, pour consacrer la nouvelle église, toujours en construction. Entourant l'abbé Suger, ils ont assisté au transfert des reliques de Denis, l'évêque qui a évangélisé Paris et a été martyrisé par les Romains (il a marché jusqu'à Saint-Denis avec sa tête sous le bras).

TOUJOURS PLUS HAUT !

La consécration de la basilique de Saint-Denis marque la naissance d'un nouveau style en architecture : l'art gothique. Les voûtes de l'église sont bâties selon une nouvelle technique qui les rend beaucoup plus solides : la croisée d'ogives. Cela permet de construire en hauteur, d'élever les piliers vers le ciel, de percer de grandes baies éclairées par des vitraux filtrant la lumière. Un vrai miracle de savoir-faire ! ◆

Le style gothique est né dans les villes autour de Paris. Il connaît un succès immédiat et se répand dans toute l'Europe.

INTERVIEW

« Je voulais faire entrer la lumière dans mon église »

Suger, l'abbé de Saint-Denis, a dirigé les travaux de rénovation de la vieille basilique de Charlemagne, pour y honorer les reliques de saint Denis.

Féodal Express : Votre nouvelle église est vraiment originale. Elle est plus haute, plus lumineuse…

Suger : Oui, je voulais avant tout faire entrer la lumière dans le bâtiment, pour illuminer les fidèles. Les mener par la lumière à la lumière divine. D'où la présence de larges verrières qui percent les murs et les façades, et des vitraux qui racontent les belles histoires de la Bible.

Féodal Express : C'est quoi exactement la croisée d'ogives ?

Suger : Les ogives sont les arcs qui soutiennent les voûtes gothiques. Elles sont posées sur des piliers et croisées pour être plus solides. Les voûtes romanes, elles, s'appuyaient directement sur les murs. Ils devaient donc être très épais, assez bas et sans fenêtre.

Féodal Express : Quel souvenir vous a le plus marqué pendant ces quatre années de travaux ?

Suger : La solidarité des habitants de la ville. Ils n'hésitaient pas à tout abandonner pour venir aider sur le chantier. Le jour où on a hissé les colonnes de l'église avec des cordes, tous les artisans sont venus spontanément offrir leur force. C'était vraiment émouvant ! ◆

Le prêtre Jean aurait envoyé des messagers porter des lettres aux rois chrétiens.

LE PRÊTRE JEAN : RÉALITÉ OU INTOX ?

Des rumeurs venues d'Orient parlent avec insistance d'un mystérieux royaume chrétien, loin du monde connu, entre l'Afrique et l'Inde. Son chef, le prêtre Jean, aurait adressé des lettres aux rois et au pape dans lesquelles il parle de son royaume merveilleux - et surtout chrétien - à l'Est, tout près du paradis ! Une alliance avec ce royaume du prêtre Jean, situé au-delà des terres occupées par les musulmans, soulève de grands espoirs en Occident, au moment où les croisés connaissent leurs premières défaites en Palestine. Ne pourrait-elle pas permettre de changer l'issue des croisades ? Cette nouvelle fait en tout cas rêver tous les amateurs d'aventures et de voyages… qui se disent prêts à partir à la découverte du monde pour en savoir plus ! ◆

ASTRONOMIE

À VOS POSTES D'OBSERVATION !

Préparez-vous dès maintenant ! Dans un peu moins d'un an, vous pourrez observer le passage dans le ciel de la comète de Halley. Attention, c'est un phénomène purement astronomique. À ne pas prendre pour une œuvre du diable !

AVEC SES 30 000 HABITANTS ET SES MONUMENTS EN CONSTRUCTION, PARIS EST EN TRAIN DE DEVENIR UNE VRAIE **CAPITALE**.

PARIS EST LA VILLE À LA MODE

L'île de la Cité, où Notre-Dame est en construction, est le cœur de Paris.

EN DIRECT DE L'ÎLE DE LA CITÉ, À PARIS

Notre bon roi Philippe Auguste vient de décider de faire de Paris le centre politique de son royaume.
Il commence dès à présent à y installer toute son administration. Il a aussi ordonné la construction d'un nouveau palais royal, le Louvre. Pourtant, depuis l'époque romaine, où Lutèce n'était qu'une ville secondaire, jusqu'à aujourd'hui, qui aurait pu croire que cette cité allait devenir si importante ? Paris ne cesse de grandir. Elle s'étend sur les deux rives de la Seine : la rive droite est le quartier des affaires, la rive gauche, le quartier des écoles avec celles des abbayes de Sainte-Geneviève, Saint-Germain-des-Prés et Saint-Victor. Paris se développe tellement qu'elle est en train de déborder de ses remparts !
Le roi Philippe Auguste aurait déjà décidé d'entourer Paris d'une nouvelle enceinte, pour protéger ces quartiers hors les murs. ◆

TROP SALE !

Les visiteurs étrangers trouvent Paris vraiment très sale. Il faut dire que les rues ne dépassent pas cinq mètres de large. Et les promeneurs doivent les partager avec une véritable ménagerie : chiens, chèvres, chevaux, cochons... Nos éboueurs font ce qu'ils peuvent, mais comme les rues ne sont que des chemins de terre, la moindre pluie les transforme en bourbier. C'en est trop pour notre roi. Philippe Auguste ne supporte plus l'odeur de purin qui monte jusqu'à ses fenêtres. C'est décidé : il fera paver les rues de Paris. Finies les mauvaises odeurs ?

Liberté ! Les villes se développent grâce au commerce. Elles obtiennent de nouveaux droits.

L'AIR DE LA VILLE REND LIBRE...

Comme toutes les villes, Paris est soumise à un seigneur - le roi de France - et, comme cela se fait déjà un peu partout en Europe, ses habitants réclament plus de liberté et moins d'impôts. Le but, c'est d'obtenir une charte qui empêche les excès et définisse les droits et les devoirs de chaque partie. Les habitants des villes y gagnent plus de pouvoir. Surtout les bourgeois, ces riches commerçants qui sont à l'origine de l'essor des villes : marchands de produits de luxe, tissus précieux, fourrures, épices, orfèvrerie... Ce vent de liberté ne profite pas à tout le monde. Le petit peuple en est exclu : vendeurs de petits riens, serviteurs en tout genre, apprentis chez les artisans, boulangers, bouchers... ◆

AVIS À TOUS

GARE AUX VOLEURS !

Si vous tenez à votre bourse et à votre vie, évitez de vous promener dans les rues de Paris, après la tombée de la nuit. Plongées dans l'obscurité, elles deviennent le royaume des voleurs et autres brigands... Vous risquez d'être détroussés ! Les rues portent des noms qui ne trompent pas : rue du Vide-Gousset (le gousset est une petite poche), ou même rue Coupe-Gueule ! Surtout ne les empruntez pas !

STUPEUR : APRÈS LE DÉSASTRE DE **HATTIN**, LE ROI CHRÉTIEN DE JÉRUSALEM, GUI DE LUSIGNAN, DOIT SE SOUMETTRE À SALADIN.

GRANDE VICTOIRE DE SALADIN

EN DIRECT DE PALESTINE

Ce matin, après avoir vainement attendu les secours, Gui de Lusignan et les autres grands barons francs sont sortis de la forteresse de Tibériade où ils avaient trouvé refuge après la bataille de la veille et ils se sont rendus. Saladin est donc le grand vainqueur de Hattin ! Il faut dire que le combat avait plutôt mal commencé pour les croisés.. Ils s'étaient retrouvés encerclés sans eau, par une chaleur torride. Fin stratège, Saladin a fait aussitôt mettre le feu aux broussailles, profitant de ce que le vent poussait la fumée vers les croisés.

À la tête des armées musulmanes depuis 15 ans, Saladin est un redoutable stratège.

Les chevaliers ont cuit sur place. Prisonniers de leurs lourdes armures, ils étouffaient complètement ! Ils se sont jetés alors dans des combats héroïques dans l'espoir de percer la défense ennemie et de gagner le lac de Tibériade, tout proche. En vain ! La bataille est devenue terrible : les chevaux tombaient sur les blessés. Les morts se comptent par milliers. Dans un dernier sursaut, le roi et sa suite ont réussi à s'enfuir et à atteindre la forteresse de Tibériade. ◆

INTERVIEW

« Il a été perdu par sa méchanceté »

Saladin a tué Renaud de Châtillon. **Kenneth de Huntingdon**, chevalier écossais de la suite du roi Gui de Lusignan, nous livre son témoignage.

Orient Express : Expliquez-nous comment cela s'est passé
K. H. : Saladin s'est assis sous sa tente pour passer en revue les prisonniers importants... On a d'abord présenté le roi au sultan. Puis est venu le tour de Renaud de Châtillon.
Orient Express : Saladin avait juré de le tuer...
K. H. : Oui... Et on le comprend. Renaud de Châtillon n'était pas un personnage respectable. Il a brisé de nombreuses trêves en attaquant des civils, tuant des marchands. Le roi était épuisé. Il faisait si chaud... Saladin lui a tendu une coupe remplie d'eau fraîche.
Orient Express : Signe qu'il lui laissait la vie sauve !
K. H. : Oui, et le roi le savait. Mais il a voulu donner la coupe à Châtillon. Furieux, Saladin a tué Châtillon de ses mains, en déclarant : « cet homme a été perdu par sa méchanceté ! » ◆

Hattin est la plus grande victoire de Saladin. Elle lui permet de reconquérir Jérusalem.

LE CHOC APRÈS LA DÉFAITE POUR LES CROISÉS

La bataille de Hattin a été un véritable massacre ! On compte plus de 30 000 hommes tués, chrétiens comme musulmans. La fine fleur de la chevalerie européenne est anéantie. Tous les chevaliers templiers et hospitaliers survivants (environ 300 chevaliers) ont été décapités, car ils sont considérés comme les plus redoutables ennemis de l'Islam. Les autres croisés sont emprisonnés. Et Renaud de Châtillon a été décapité pour parjure ! Mais le pire, c'est que dans la mêlée on a perdu la relique de la Vraie Croix, l'emblème de la chrétienté. Quel malheur ! Le royaume chrétien de Jérusalem semble désormais bien fragile... ◆

DERNIÈRES NOUVELLES

RICHARD CŒUR DE LION S'EN VA

Roi d'Angleterre, comte de Poitiers, duc d'Aquitaine, Richard a passé sa jeunesse en France, à la cour de sa mère Aliénor d'Aquitaine. Il voulait être un grand chevalier, rêvait de victoires et de gloire. Il a dépensé des fortunes pour emmener son armée en croisade. Il s'est battu comme un lion, mais pas toujours de façon très chevaleresque ! On lui a prédit qu'il ne serait pas celui qui va reprendre Jérusalem. Il renonce donc à continuer la lutte contre Saladin et a décidé de regagner l'Europe.

1214

LE PETIT CAPÉTIEN

PRIX 26 deniers

LE ROI **PHILIPPE AUGUSTE** VIENT DE REMPORTER, PRÈS DE LILLE, L'UNE DES PLUS GRANDES VICTOIRES DE L'HISTOIRE DE FRANCE.

BOUVINES SAUVE LE ROI DE FRANCE

Au bout de trois heures de corps à corps entre les chevaliers français et leurs ennemis, c'est un triomphe pour le roi de France. Le comte de Flandre et le comte de Boulogne sont capturés. Philippe Auguste les ramène tous les deux à Paris dans une cage !

QUEL BEAU DIMANCHE

Divine surprise ! Le roi a vaincu tous ses ennemis à la fois. Il y avait, réunis contre lui : Othon IV, l'empereur germanique, Ferrand, le comte de Flandre, Renaud, le comte de Boulogne, plus les armées du roi d'Angleterre Jean sans Terre, en tout près de 25 000 soldats, dont plus de 3 000 chevaliers lourdement armés. De notre côté, l'armée du roi réunissait 20 000 hommes, dont la moitié provenant des milices des communes du nord de la France armées de simples faux… L'affrontement a eu lieu le dimanche 27 juillet et a duré toute la journée. Grâce à cette victoire, notre royaume devient, avec l'aide de Dieu, l'un des plus puissants d'Europe ! La dynastie capétienne acquiert la gloire qui lui manquait. Les nobles français et les milices des communes se sont battus vaillamment autour du roi. La France commence à devenir un royaume bien unifié. ◆

CARNET ROSE

Naissance du petit prince Louis

Le fils du roi et la princesse Blanche de Castille ont le plaisir de vous annoncer la naissance de leur fils, Louis, le 25 avril 1214. Certaines personnes bien intentionnées lui prédisent un grand avenir, tout auréolé de gloire. Et même de sainteté. Un saint Louis dans la famille… Cela ferait bien chez les Capétiens !

UNE INVENTION GÉNIALE : LA CHARRUE

Oubliez votre vieil araire de bois qu'il faut pousser à la main et qui n'arrive pas à retourner la terre ! Optez pour un outil révolutionnaire : la charrue. Elle est beaucoup plus efficace, car elle est formée de trois outils en fer. Un couteau à l'avant, le coutre, fend les sols les plus durs ; le soc coupe la terre en profondeur ; et enfin, le versoir rabat cette terre coupée sur le côté, avec une précision étonnante. Des mancherons (bras) la rendent facile à diriger. Bien sûr, la charrue est chère car le fer est plus rare que le bois, mais elle va permettre de bien meilleures récoltes. Et donc d'avoir des réserves de nourriture jusqu'à l'été suivant. N'oublions pas que les céréales (blé, seigle, avoine) nourrissent toute la population. ◆

SANTÉ

LES CONSEILS D'HILDEGARDE

« Contre les maux de tête, prendre de la sauge, de l'origan et du fenouil ; ajouter du marrube (genre de menthe), piler et mélanger à du beurre ou de la graisse. En faire une crème et s'en frotter la tête. Pour calmer les douleurs, tentez la mandragore… On dit que les sorcières s'en servent pour s'envoler sur leurs balais ! »

DANS LA NUIT DU 4 OCTOBRE, LE PAUVRE MOINE FRANÇOIS EST MORT DANS SA CABANE, PRÈS D'**ASSISE**, À L'ÂGE DE 44 ANS.

MORT D'UN SAINT HOMME

François d'Assise est surnommé le jongleur de Dieu car, comme les jongleurs, il voyage sur les chemins pour prêcher, aider les pauvres… et chasser les démons !

EN DIRECT D'ITALIE

François est né dans une riche famille de marchands, à Assise, en Italie. Jeune homme rebelle, il mène la belle vie, va de fête en fête, nargue les nobles et se rêve en chevalier. Mais il tombe gravement malade et a alors une révélation : désormais, il vivra comme le Christ et s'occupera des malades et des pauvres. Il ira ainsi de ville en ville, en mendiant sa nourriture.

FRÈRES DES PAUVRES

François est bientôt suivi par de nombreux compagnons avec lesquels il crée une confrérie fondée sur la pauvreté totale : les Franciscains. Ces moines vivent du travail de leurs mains et de l'aumône. En 1210, François apparaît en rêve au pape, soutenant une église en ruines. Innocent III apporte alors son soutien à l'ordre des Franciscains, qui se développe dans toute l'Europe. Il va sûrement décider de faire de François un saint.◆

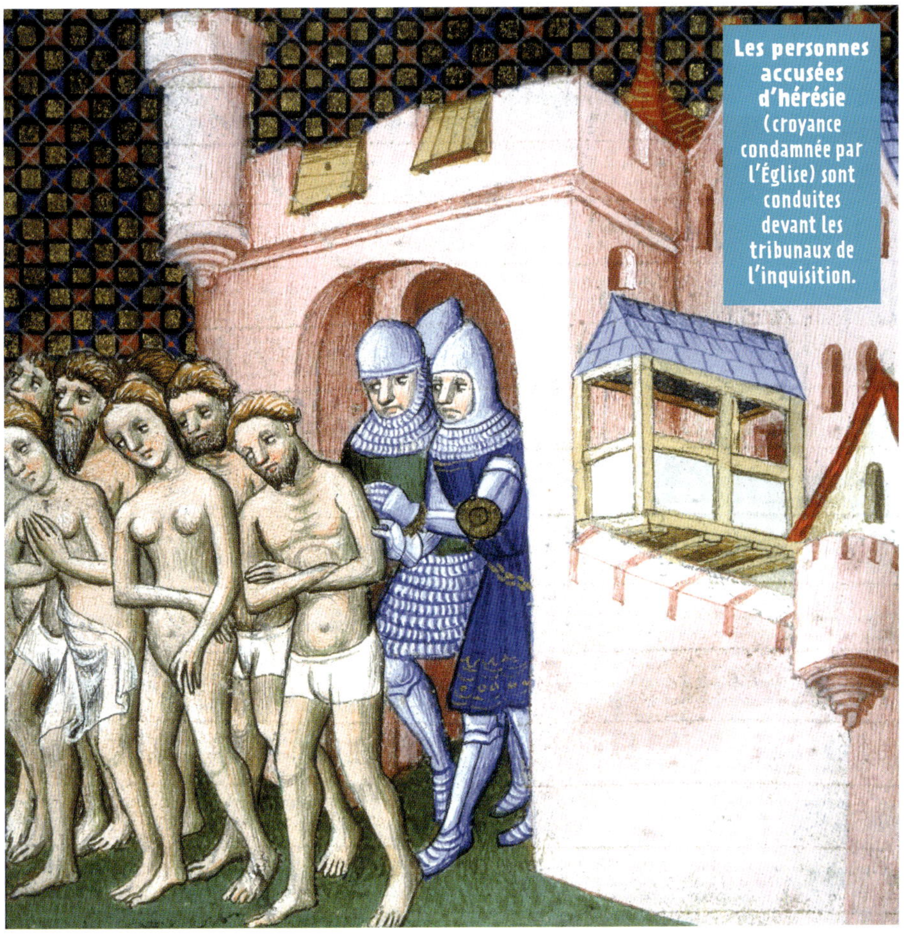

Les personnes accusées d'hérésie (croyance condamnée par l'Église) sont conduites devant les tribunaux de l'inquisition.

QUI SONT LES CATHARES ?

Depuis un siècle, dans le sud de la France, à Albi, Carcassonne, Toulouse, certains chrétiens ont une croyance étrange. Ils croient en un dieu du bien, qui vit au ciel, et un dieu du mal, créateur du monde terrestre. Les cathares ne reconnaissent plus l'autorité de l'Église mais sont protégés par le comte de Toulouse Raymond VI. La riposte du pape a été terrible : il a appelé à la croisade. Les chevaliers du Nord se sont jetés sur le Languedoc. En 1209, les habitants de Béziers sont massacrés ; en 1216, Toulouse est prise. Le nouveau roi de France, Louis VIII, vient de prendre la tête de la croisade. Les villes de Provence sont assiégés par les armées royales. Cette croisade ressemble de plus en plus à une guerre de conquête pour s'emparer des régions du Sud et agrandir ainsi le royaume ! ◆

L'INQUISITION L'INSTRUMENT ANTI-HÉRÉSIE

Pour combattre les cathares, l'Église vient de créer l'Inquisition. Ce mot signifie « interrogatoire ». L'Inquisition est un tribunal spécial chargé d'enquêter et d'interroger ceux qui sont soupçonnés d'hérésie. En général, l'affaire est rondement menée, le présumé coupable n'a droit à aucune aide pour se défendre. Il ne connaît pas le nom de ceux qui l'accusent et peut à tout moment être soumis à la question, c'est-à-dire torturé. S'il avoue et que sa faute n'est pas trop grave, il est condamné à de légères peines, comme le port de marques infamantes (croix jaunes). S'il s'obstine, il est remis aux autorités qui se chargent de l'exécuter. ◆

DES CHEVALIERS À LA CONQUÊTE DE L'EST

En pleine Europe, en Prusse, on trouve aujourd'hui encore des païens ! Voilà une mission pour les chevaliers teutoniques. Cet ordre de moines-soldats allemands fondé à Jérusalem a d'abord eu pour but de défendre les pèlerins de Terre Sainte. Mais de plus en plus, ils s'imposent comme le bras armé de l'Église. L'empereur Frédéric II vient de leur donner la pleine autorité sur la Prusse. Ils pourront convertir les Barbares en toute liberté, mais aussi battre monnaie, rendre la justice et organiser de grandes foires. Tout un programme ! La conquête de l'Est a déjà commencé...

ROBERT DE SORBON, L'AUMÔNIER DE NOTRE SAINT ROI LOUIS IX, FONDE UN **COLLÈGE** POUR ÉTUDIANTS À PARIS : LA SORBONNE.

LES ÉTUDIANTS À LA SORBONNE

À la Sorbonne, comme dans toutes les universités d'Europe, les étudiants sont quelques dizaines.

EN DIRECT DE L'UNIVERSITÉ DE PARIS

Robert de Sorbon est fils de paysans pauvres et il a dû beaucoup travailler pour réussir ! Devenu professeur en théologie, la science qui étudie la religion, il est aussi le confident du roi. Pour éviter aux étudiants pauvres les nombreuses épreuves qu'il a connues, Robert rêve de fonder un collège où ils pourraient poursuivre leurs études supérieures. Depuis trois ans, il se démène pour faire connaître son projet et réunir suffisamment d'argent. Résultat : il a pu acheter plusieurs maisons près de la Montagne Sainte-Geneviève, en plein quartier des écoles. Il les a équipées de tout ce qui est utile pour étudier : salles communes, bibliothèques, chambres particulières... Et voilà qu'aujourd'hui ouvre enfin cette « maison de Sorbon » que l'on commence déjà à appeler « la Sorbonne ». Les premiers étudiants viennent d'y arriver. ◆

UNIVERSITÉS : LE BON CHOIX

Les universités d'Europe sont en fait très spécialisées. La plus ancienne, celle de Bologne (Italie) a été fondée en 1119 ; on y enseigne le droit. À Montpellier (France), on étudie la médecine ; et celle de Paris est spécialisée dans l'enseignement de la théologie et de tout ce qui touche à la religion. On y entre à partir de l'âge de 14 ans. Les étudiants commencent par suivre trois matières littéraires (grammaire, art de bien écrire, art de raisonner juste) et quatre matières scientifiques (arithmétique, géométrie, astronomie, musique). Vers 20 ans, les étudiants, qui viennent de toute l'Europe, peuvent choisir l'une des trois facultés pour se spécialiser en théologie, droit ou médecine... Les cours sont partout donnés en latin. ◆

FOUETTEZ-VOUS !

Tout droit arrivée d'Italie, une nouvelle mode fait fureur. Pour se laver de ses péchés, il faut se fouetter ! De préférence en public et en bonne compagnie. On ne sait pas si ça marche... mais cela fait bondir l'Église qui vient de condamner vigoureusement ces pratiques absurdes.

Le vol est sévèrement puni. Pour inspirer la crainte, les corps des pendus sont abandonnés aux corbeaux.

UNE NOUVELLE POLICE POUR PLUS DE SÉCURITÉ

Dans le souci de mieux protéger la population de sa capitale, notre bon roi Louis IX vient de créer le guet royal. C'est une unité de sécurité qui sera exclusivement chargée de la police de Paris. Placée sous le commandement du chevalier du guet, elle dispose de douze sergents pour le guet de jour, de vingt sergents à pied et douze à cheval, pour le guet de nuit. Parisiens, vous pouvez désormais dormir sur vos deux oreilles ! Quant aux malfaiteurs, ils seront sévèrement punis. Surtout les voleurs : mains ou oreilles coupées... voire pire encore. ◆

LANCELOT ET LE DRAGON

Si vous aimez les belles légendes des chevaliers du roi Arthur, vous adorerez l'histoire de Lancelot. Élevé par une fée au fond d'un lac, il brave tous les dangers pour l'amour de sa Dame. ◆

LE PETIT CAPÉTIEN

PRIX 38 deniers

TOUS LES MOINES TEMPLIERS DE FRANCE ONT ÉTÉ ARRÊTÉS CE MATIN À L'AUBE, SUR ORDRE DU ROI **PHILIPPE LE BEL.**

COUP DE FILET SUR LES TEMPLIERS

EN DIRECT DU TEMPLE, À PARIS

Incroyable rafle, ce vendredi 13 octobre 1307, à travers tout le royaume. Tôt ce matin, le Garde du Sceau, Guillaume de Nogaret, et ses hommes d'armes ont pénétré dans l'enceinte du Temple de Paris, où réside le maître de l'ordre du Temple, Jacques de Molay, et l'ont arrêté avec 138 Templiers. Au même moment, toutes les commanderies ont été investies et leurs occupants appréhendés. Les prévenus n'ont opposé aucune résistance. Leurs biens sont confisqués, inventoriés et confiés à la garde du Trésor royal. Le grand maître des Templiers qui, hier encore, côtoyait le roi, croupit désormais, fers aux pieds, dans un cachot. Le redoutable Guillaume de Nogaret, âme damnée du roi Philippe le Bel, peut se féliciter : Jacques de Molay n'a même pas cherché à s'échapper... ◆

Sous la torture, les Templiers avouent des crimes abominables. Le grand maître et ses proches sont brûlés vifs.

SUPERSTITION

Vendredi 13 Jour de malheur

Ce matin, l'arrestation des Templiers a médusé tout le royaume. Pas un Templier n'a réussi à s'enfuir! Du coup, les Français commencent sérieusement à croire que ce jour est maudit. Le nombre 13 ne porterait-il pas malheur? C'est en effet le nombre d'invités au dernier repas du Christ. Quant au vendredi, c'est aussi le jour de la crucifixion de notre Seigneur. Aujourd'hui, vendredi 13, doublement funeste, nous venons probablement d'assister à la fin de l'ordre du Temple. Signe de malheur, définitivement.

SONT-ILS DES SORCIERS OU DES MILLIARDAIRES?

Pourquoi cette arrestation ? Les Templiers forment un ordre reconnu et apprécié. Il a été fondé en 1 129 à Jérusalem, dans le temple de Salomon (d'où son nom), pour protéger les pèlerins et les croisés. Mais les Templiers auraient depuis oublié leur mission, sympathisé avec l'ennemi et renié le Christ ! Philippe le Bel les accuse de sorcellerie et de magie. À ce jour, rien n'a encore été prouvé. Ce qui est sûr, c'est qu'ils sont devenus très puissants et très riches, grâce à de nombreuses donations. Et comme notre roi est très autoritaire et très pauvre... Il y a de quoi s'interroger. ◆

L'ENFER VU PAR DANTE

Le grand poète et homme politique de Florence (Italie), Dante Alighieri, aurait commencé à écrire un nouvel ouvrage, *la Divine Comédie*. Il affirme que cela sera le chef-d'œuvre de sa vie. Mais on lui reproche déjà d'abandonner le latin pour écrire en italien! Il s'agit d'un voyage, de l'Enfer au Paradis, où Dante est guidé par le poète latin Virgile. Il raconte leurs rencontres avec une centaine de personnages. Aussi bien des grandes figures de l'Antiquité, que des personnalités contemporaines. À suivre!

VOYAGES

LES MERVEILLES DE MARCO POLO

Le célèbre voyageur italien Marco Polo a fini de rédiger son livre de souvenirs : *Le Livre des Merveilles du Monde*. Né dans une famille de marchands vénitiens, il est allé commercer jusqu'en Chine et a passé 24 ans à Pékin, à la cour du petit-fils de Gengis Khan. Il nous présente ces merveilleuses découvertes : les belles dames, les palais, mais aussi les drôles de monstres qu'il prétend avoir rencontrés. ◆

LE PETIT CAPÉTIEN

PRIX 19 deniers

UN BATEAU GÉNOIS VIENT DE DÉBARQUER UNE TERRIBLE CARGAISON DANS LE PORT DE **MARSEILLE** : LA PESTE NOIRE !

LA PESTE S'ABAT SUR L'EUROPE

La peste est une maladie mortelle très contagieuse. Elle est transmise par les rats malades et se propage à une vitesse fulgurante, partout où passent les marchands.

EN DIRECT DE MARSEILLE (FRANCE)

Marseille est touchée par une épidémie de peste noire ! Les responsables : les gros rats contaminés qui ont voyagé avec les sacs de blé dans les cales des navires génois. Le bateau qui vient d'accoster arrive tout droit de Caffa, un port de la mer Noire (Crimée) où les marchands génois se ravitaillent en produits orientaux, et il a diffusé la terrible maladie venue d'Asie dans chaque port où il s'est arrêté : Constantinople (Turquie), Messine (Sicile) et Gênes (nord de l'Italie).

DES MORTS PAR MILLIONS

Tout le pourtour de la Méditerranée est atteint. Et voilà maintenant la peste à Marseille ! De là, elle risque bien de se répandre dans toute la France, voire dans toute l'Europe . Du Sud au Nord, de l'Italie à la Suède toutes les grandes villes d'Europe sont menacées : Paris, Londres, Francfort... ◆

INTERVIEW

« Des taches noires sont apparues sur mes bras »

L'écrivain italien **Giovanni Boccaccio** nous raconte son calvaire. Et comment il a eu la chance de survivre à la terrible maladie.

Le Petit Capétien : Expliquez-nous d'abord quels sont les symptômes à surveiller ?
Giovanni Boccacio : Eh bien, j'ai compris que j'étais malade quand j'ai senti des boules sous mes aisselles. Ensuite, des taches noires et des bubons sont apparus sur mes bras et sur mes cuisses. Il y avait aussi de minuscules piqûres. C'était affreux à voir !
Le Petit Capétien : Et qu'avez-vous fait ?
Giovanni Boccacio : À vrai dire, pas grand-chose. Je crois que je m'étais résigné à mon sort. Je n'ai fait que me reposer et attendre. J'ai aussi beaucoup prié. Je crois que j'ai eu vraiment de la chance. Du coup, je suis très content d'être encore en vie et je veux en profiter au maximum ! ◆

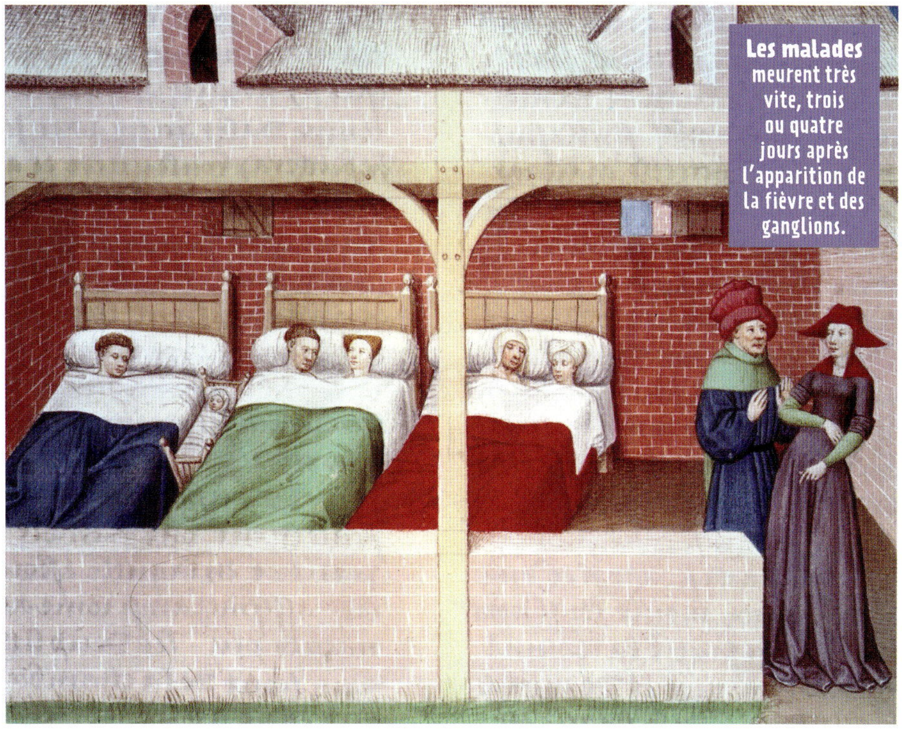

Les malades meurent très vite, trois ou quatre jours après l'apparition de la fièvre et des ganglions.

TRUCS ET ASTUCES POUR LUTTER CONTRE LA PESTE

Nos meilleurs chercheurs pensent que la peste circule aussi dans l'eau et dans l'air et se transmet par un simple souffle ou un simple regard. Du coup, le port du masque est recommandé. Il faut aussi purifier l'air par le feu, faire bouillir l'eau, extraire les humeurs du corps infecté par d'abondantes saignées. Mais on ne sait pas si tout cela est efficace. En fait, personne ne comprend cette maladie qui tue en quelques jours ses malheureuses victimes. On ne sait pas pourquoi certains l'attrapent ni comment il faut la soigner. Il est plus sûr de rester enfermé chez soi, en évitant tout contact avec les malades, surtout si on est faible et fatigué ! Dans les villes déjà touchées, comme Florence, en Italie, plus de la moitié des habitants sont morts en quelques semaines. (Ce n'est qu'en 1894 que l'on comprendra que cette terrible maladie est transmise par les piqûres des puces, infectées par les rats malades). ◆

AVIS À LA POPULATION

TOUS À LA PROCESSION DE SAINTE LUCIE !

Protégez-vous, l'épidémie frappe tout le monde ! les paysans comme les moines et les seigneurs. La peste serait un châtiment divin, envoyé aux hommes pour les punir de leurs péchés. Pour calmer la colère de Dieu, participez à la grande procession de Sainte Lucie ! Venez nombreux !

LE PETIT VALOIS

PRIX 10 deniers

L'ANGLETERRE VA-T-ELLE GAGNER LA GUERRE DE CENT ANS ? APRÈS CRÉCY ET POITIERS, LES FRANÇAIS SONT BATTUS À **AZINCOURT**.

ANGLETERRE-FRANCE : 3-0

EN DIRECT DU PAS-DE-CALAIS

Un an après avoir débarqué en France pour en réclamer la couronne, le roi d'Angleterre Henry V a remporté le 15 octobre une bataille décisive ! À la tête d'une armée d'environ 4 000 hommes, il a battu à plate couture les troupes françaises, trois fois plus nombreuses. Les chevaliers français ont bien essayé de lui couper la route… mais sans résultat !

LA FAUTE DE LA PLUIE ?

Après plusieurs jours d'hésitation, ils ont décidé d'attaquer en un lieu très étroit, où il était impossible de se déployer ! Comble de malchance, ils ont dû passer la nuit sur leur selle, faute de pouvoir se coucher sur le sol détrempé par la pluie. Ce matin, pour la charge, ils étaient du coup totalement épuisés. Et comme à Crécy (1346), ils avaient le soleil dans les yeux ! Dans la panique, face aux volées de flèches des archers anglais, beaucoup sont tombés de cheval… Et le massacre a commencé. ◆

La fin des chevaliers ?
Encombrés par leurs armures et leurs chevaux carapaçonnés de plaques de fer, les chevaliers français tombent sous les flèches et les coups de hache des soldats anglais. Beaucoup sont égorgés. Une troisième défaite pour les fiers chevaliers, face à de simples soldats à pied…

PORTRAIT

Henri V le vainqueur

Le roi d'Angleterre, Henri V, est le fils d'un usurpateur qui a renversé, et assassiné, le roi Richard II. C'est un batailleur! En 1403, âgé de 16 ans, il est presque tué par une flèche. Un autre que lui en serait mort mais il en a juste gardé une terrible cicatrice au visage. Monté sur le trône en 1413, il profite de la folie du roi de France, Charles VI, pour dénoncer la trêve (conclue en 1396) et il débarque en France...

10 000 MORTS PARMI LES CHEVALIERS FRANÇAIS

La bataille vient à peine de se terminer et l'on sait déjà que les pertes seront terribles du côté français. On avance le chiffre, énorme, de 10 000 tués. Parmi eux, le chef des armées, Charles d'Albret, le comte de Nevers, les ducs de Brabant et d'Alençon... Plus des trois-quarts des grandes familles nobles du royaume de France ont perdu leur chef. Le neveu du roi Charles VI, le poète Charles d'Orléans, est fait prisonnier. Côté anglais, le bilan est bien plus léger. On compterait 1600 morts dont seulement treize chevaliers (parmi eux, le duc d'York, petit-fils du vainqueur de Crécy, Édouard III). C'est une troisième victoire par K.-O. Le royaume de France risque d'être livré aux Anglais.◆

LES TRÈS RICHES HEURES DU DUC DE BERRY

Le livre de prières (les heures) commandé par le duc Jean de Berry aux frères Paul et Jean de Limbourg est presque achevé. Il contient déjà plus de 200 folios (feuilles) illustrés de très riches peintures miniatures. Celles du calendrier des prières, représentant la vie des paysans au fil des saisons, sont les plus réussies. Une merveille!

LE PETIT VALOIS

PRIX 13 deniers

INCROYABLE ! UNE JEUNE FILLE DE 17 ANS REPREND **ORLÉANS** AUX ANGLAIS ET REDONNE CONFIANCE AUX FRANÇAIS.

UNE BERGÈRE CHEF DE GUERRE

Le roi donne à Jeanne une armure. C'est une cavalière intrépide et un grand chef de guerre. Rien ne l'arrête, pas même les flèches qui la blessent à trois reprises, au cou, au pied et à la cuisse !

EN DIRECT D'ORLÉANS

Jeanne d'Arc, une petite paysanne de 17 ans dit être l'envoyée de Dieu. « Ses voix » lui ordonnent de quitter son village de Lorraine, de faire sacrer le Dauphin à Reims et de « bouter les Anglais hors de France ». Il y a quelques mois, elle s'est rendue à Vaucouleurs (Lorraine) chez le capitaine Robert de Baudricourt. Il l'a fait conduire à Chinon. Là, elle s'est présentée devant Charles VII, vêtue en habits d'homme.

UNE ARMÉE POUR JEANNE

Le roi, qui voulait mettre Jeanne à l'épreuve, s'est caché au milieu de ses courtisans. Et pourtant, Jeanne a réussi à le reconnaître ! Elle lui a parlé de ses voix et de sa mission : délivrer la ville d'Orléans, faire sacrer le roi à Reims, et libérer Paris. Charles VII s'est senti revivre. Convaincu de la bonne foi de Jeanne, impressionné par son courage et sa détermination, il a accepté de lui confier une petite armée. ◆

PORTRAIT

La pucelle d'Orléans

Jeanne parvient par sa foi et son enthousiasme à réveiller l'ardeur des Français. Elle réussit aussi à démoraliser les Anglais qui la prennent pour une sorcière. En huit jours, Jeanne les oblige à lever le siège de la ville d'Orléans qui durait depuis huit mois! Elle gagne là son surnom de « Pucelle d'Orléans ».

Le tournant de la guerre. Après la victoire de Patay, sur la Loire, la route de la cathédrale de Reims est ouverte. Charles peut enfin être sacré. Le 17 juillet 1429, il est couronné dans la basilique des rois de France. Ce sacre, en plein territoire contrôlé par ses ennemis, est interprété par tous comme un signe de Dieu. Et Charles VII est enfin reconnu roi à part entière.

Christine de Pisan présente un receuil de ses textes au roi de France.

FEMMES À L'HONNEUR

La femme de lettres Christine de Pisan est au sommet de son art ! Devenue veuve très jeune, elle se retrouve seule à 26 ans, avec trois enfants à charge. Elle décide alors d'écrire pour gagner sa vie. Et c'est le succès. Féministe convaincue, elle s'est engagée ces dernières années dans un combat en faveur des femmes et surveille notamment leur image dans la littérature. Des philosophes, comme Jean de Gerson, et de grands personnages, comme le duc de Berry, lui apportent leur appui. Aujourd'hui, elle vit retirée dans un monastère mais continue toujours à écrire. On dit qu'elle s'intéresse particulièrement à l'épopée de Jeanne d'Arc… qui ferait selon elle un beau personnage de roman. ◆

LA PEINTURE À L'HUILE C'EST BIEN PLUS BEAU

Jan van Eyck, un peintre de Bruges (Belgique) a inventé une nouvelle technique de peinture: il délaie ses pigments de couleur avec de l'huile et non plus avec des oeufs. Cela donne des couleurs extrêmement brillantes et très fines. Inconvénient: on ne peut peindre que des petits tableaux, car il faut recouvrir les panneaux de bois de plusieurs couches d'enduit pour que la peinture s'accroche bien. Mais c'est parfait pour les portraits.

(PUBLICITÉ)

Le grand boom des canons !

Fini le temps des épées, haches et autres objets tranchants! Les armes à feu se développent de plus en plus en Europe. Aucun château, aucune muraille ne peut résister à la poudre des canons et à leurs redoutables boulets.

NOUVEAU MONDE

PRIX 1 real

LES BATEAUX DE **CHRISTOPHE COLOMB** ONT ENFIN TOUCHÉ TERRE. MAIS ONT-ILS VRAIMENT DÉBARQUÉ EN ASIE ?

TERRE EN VUE !

Colomb pense avoir atteint les Indes. Ce n'est pas l'avis de tous. Ne serait-ce pas un continent inconnu ? De nouvelles expéditions se préparent.

AVEC NOTRE ENVOYÉ SPÉCIAL
À BORD DE *LA PINTA*

Après trois mois en mer, la flotte de Christophe Colomb aperçoit enfin la terre. Le 3 août dernier, les trois navires, la *Pinta*, la *Nina* et la *Santa Maria* ont mis le cap à l'Ouest. Direction, les Indes ! Mais Christophe Colomb a mal évalué la distance à parcourir et le trajet n'en finit pas. Il s'éternise. Plusieurs fois, les marins ont failli se mutiner. Ils ont même essayé de passer Christophe Colomb par-dessus bord ! Et c'est le miracle. Un bout d'arbre taillé est venu heurter la coque de notre navire. Tous les yeux se sont mis à scruter passionnément l'horizon. Enfin, la nuit dernière, à 2 heures du matin, un coup de canon a été tiré précipitamment. Un jeune marin de Séville, Juan Rodriguez, venait de repérer une terre à l'horizon !

Au lever du soleil, un spectacle magnifique nous attendait. Droit devant nous, se trouve une île tropicale couverte d'une forêt touffue et bordée de plages de sable blanc. Un paysage si beau, que l'on se demande si l'on n'aurait pas atteint le paradis... ◆

INTERVIEW

« Christophe Colomb se trompe… »

Christophe Colomb est persuadé qu'il a atteint son but : l'Asie des épices. Mais ce n'est pas l'avis de son ami, le marchand italien **Amerigo Vespucci**.

Nouveau Monde : Colomb a réussi son pari, il a trouvé la route des Indes par la mer !

Amerigo : Colomb voulait atteindre l'Asie des épices en navigant vers l'Ouest. On n'était pas sûr que ses bateaux allaient y arriver. On craignait que ses marins ne meurent d'épuisement. Comme ils ont touché terre, Colomb est persuadé qu'il a navigué au milieu des îles des Indes.

Nouveau Monde : Vous ne pensez pas qu'il a raison, quand il dit que la Terre est ronde ?

Amerigo : Si. Et beaucoup de navigateurs pensent comme lui. La Terre est sûrement ronde. Mais je crois que la mer vers l'Asie est trop vaste pour que l'on puisse la traverser en 85 jours seulement.

Nouveau Monde : Et alors?

Amerigo : Je vais partir. Je me demande si Colomb n'a pas trouvé un nouveau continent.◆

LA BIBLE DE GUTENBERG EST IMPRIMÉE

Soyez à la page : achetez une Bible imprimée ! L'invention des caractères d'imprimerie mobiles par Johannes Gutenberg va à coup sur révolutionner le monde des livres. Elle permet de reproduire à une vitesse inouïe les pages d'un livre. Et donc de produire plusieurs exemplaires à la fois. Gutenberg et ses ouvriers ont réussi à imprimer 180 exemplaires des deux volumes de la Bible, en trois ans seulement, le temps nécessaire à un moine pour copier à la main une seule Bible ! En plus, les Bibles de Gutenberg sont très belles, avec leurs pages de 42 lignes bien régulières. Fini donc le temps des copistes et leurs délais interminables ! Nous voilà bien entrés dans une ère nouvelle.◆

DERNIÈRES NOUVELLES

LES ROIS CATHOLIQUES ONT GAGNÉ

En Andalousie, la ville de Grenade est tombée (janvier). C'était le dernier bastion musulman en Espagne.
Les rois catholiques d'Espagne, Isabelle de Castille et Ferdinand d'Aragon, viennent d'achever la *Reconquista*, la reconquête catholique. Les musulmans et les juifs sont expulsés. Depuis mars, plus de 100 000 juifs ont dû s'exiler. Les autres se sont convertis, mais l'Inquisition ne leur fait pas confiance. Des *auto da fe* (actes de foi, c'est-à-dire le bûcher pour les « coupables ») sont à craindre.

INDEX

CRÉDITS PHOTOGRAPHIQUES

P. 6 Photo Josse/Leemage
P. 8-9 Zisa/Leemage
P. 10 Selva/Leemage
P. 11 Heritage Images/Leemage
P. 12 PrismaArchivo/Leemage
P. 13 Heritage Images/Leemage
P. 15 Luisa Ricciarini/Leemage
P. 16 Selva/Leemage
P. 17 Costa/Leemage
P. 18-19 Heritage Images/Leemage
P. 19 (en haut) BNF
P. 21 Bibliothèque d'Amiens Métropole
P. 22 Bianchetti/Leemage
P. 24 Photo Josse/Leemage
P. 25-26 Luisa Ricciarini/Leemage
P. 27 Costa/Leemage
P. 27 (en bas) Electa/Leemage
P. 28 Photo Josse/Leemage
P. 29 Heritage Images/Leemage
P. 29 (en bas) Costa/Leemage
P. 30 Collection Dagli Orti
P. 31 Selva/Leemage
P. 31 (en bas) Costa/Leemage
P. 32 Aisa/Leemage
P. 33 (en haut) Photo Josse/Leemage
P. 33 Heritage Images/Leemage
P. 36-37 The Bridgeman Art Library
P. 37 (en bas) MP/Leemage
P. 38-39 Photo Josse/Leemage
P. 40-41 Photo Josse/Leemage
P. 42 Heritage Images/Leemage
P. 43 44 Akg-images
P. 45 Photo Josse/Leemage
P. 46 MP/Leemage
P. 47 (en haut) Selva/Leemage
P. 47 Heritage Images/Leemage
P. 48 Coll. Dagli Orti/Bibliothèque Municipal Troyes/archives Dagli Orti
P. 49 Heritage Images/Leemage
P. 49 Photo Josse/Leemage
P. 50 Heritage Images/Leemage
P. 51 The Bridgeman Art Library
P. 51 (en bas) Photo Josse/Leemage
P. 52 Collection Dagli Orti/Chapelle Saint-Sébastien, Lanslevillard (Savoie)/ Gianni Dagli Orti
P. 53 Photo Josse/Leemage
P. 55 Heritage Images/Leemage
P. 55 (en bas) Photo Josse/Leemage
P. 56 RMN
P. 57 Collection Dagli Orti/ Monastère de la Rabida, Palos, Espagne/Gianni Dagli Orti
P. 57 (à droite) Aisa/Leemage
P. 58 Coll. Dagli Orti/BNF
P. 59 Photo Josse/Leemage

Couverture Akg-images